निवेदन

1956 में जब मेरी नियुक्ति आकाशवाणी पटना के वार्ता-विभाग में हुई, तब मुझे रेडियो-वार्ता को निकट से देखने और उसका अध्ययन करने का अवसर मिला, यों वार्ताएँ मैं बहुत पहले से सुनता आ रहा था और उनके प्रति श्रोताओं की तिरस्कारपूर्ण प्रतिक्रियाएँ भी देखता आ रहा था। रेडियो के निकट रहकर मैंने अनुभव किया कि रेडियो-वार्ता की सम्भावनाएँ कितनी बड़ी हैं, और उनका उपयोग कर कोई वार्ताकार किस प्रकार अपने से दूर रहनेवाले हज़ारों व्यक्तियों से निकट सम्पर्क स्थापित कर सकता है। रेडियो-वार्ता का क्षेत्र भी रेडियो से प्रसारित विभिन्न प्रकार की रचनाओं की अपेक्षा बहुत व्यापक है; कविता, कहानी, नाटक आदि की रचना केवल साहित्यकार ही करते हैं, पर रेडियो-वार्ता साहित्य से परे रहनेवाले वैज्ञानिक, राजनीतिक, प्राध्यापक आदि सभी वर्गों के व्यक्तियों को प्रसारित करनी पड़ती है। पर यह आश्चर्य की बात है कि प्रसारण के इतने वर्षों के बाद भी हमारे यहाँ रेडियो-वार्ता के सम्बन्ध में अभी तक गम्भीरतापूर्वक विचार नहीं किया गया है; कहना तो यह चाहिए कि अभी तक रेडियो-वार्ता बड़े हलके ढंग से देखी जाती रही है; किसी वार्ताकार को आकाशवाणी की ओर से वार्ता-प्रसारण के लिए आमंत्रित किया गया और उसने दो-तीन घंटे में वार्ता लिखकर प्रसारित कर दी। ऐसी स्थिति में वार्ताएँ यदि अनाकर्षक होती हैं, और श्रोताओं द्वारा उनका

स्वागत नहीं होता, तो इसमें कोई आश्चर्य की बात नहीं दीखती। लेकिन रेडियो-वार्ताओं की सम्भावनाओं को देखते हुए इस विषय पर गम्भीरता से विचार होना चाहिए, ऐसा मुझे लगा। प्रस्तुत पुस्तक में मैंने यही करने का प्रयत्न किया है।

यों रेडियो से मेरा सम्बन्ध निकट या दूर का, पिछले बारह वर्षों से रहा है, पर प्रसारण-जैसे गम्भीर विषय पर विचार करने के लिए इतना छोटा-सा अनुभव पर्याप्त नहीं होता। फलत: मैंने पाश्चात्य देशों के हिल्डा मैथिसन, लियोनेल गैमलिन, जेनेट डनबर, रोजर मैनवेल, एल्कन ऐंड डोरोथियन एलन, एच. आर. विलियमसन, जॉन एस. कार्लाइल—जैसे प्रसिद्ध प्रसारणकर्ताओं के अनुभवों से सहायता ली है। इंग्लैंड और अमेरिका में रेडियो-वार्ता के सम्बन्ध में काफ़ी विचार हुआ है। यहीं यह कह दिया जाए कि प्रसारण के नियम सभी देशों में समान हैं, हर देश की प्रसारण-सम्बन्धी अपनी-अपनी कोई प्राचीन परम्परा नहीं है। अपनी 'दि रेडियो टॉक' पुस्तक में जेनेट डनबर ने कहा है—'मेरी इन विभिन्न देशों के प्रोड्यूसरों और प्रसारण-कर्ताओं के साथ विवादपूर्ण और प्रेरक बातचीत हुई है : अमेरिका, कनाडा, दक्षिण अफ्रीका, आस्ट्रेलिया, न्यूजीलैंड, ब्राज़ील, टर्की, फ्रांस, भारत, बेल्ज़ियम, स्पेन, नार्वे, डेनमार्क और बोलीविया। इनमें से कुछ के साथ हुए विचार-विमर्श के बाद अपने नोट्स के अध्ययन से मुझे पता चला कि एक चीज़ बहुत स्पष्ट दिखाई पड़ती है : अच्छी रेडियो-वार्ता के सिद्धान्त प्रत्येक देश और प्रत्येक भाषा के लिए समान हैं।' जिन देशों में रेडियो-वार्ता की कला पर विशेष ध्यान दिया गया है, उनके अनुभवी प्रसारणकर्ताओं के विचारों के आधार पर मैंने इस पुस्तक में अच्छी रेडियो-वार्ता के सिद्धान्तों को ही प्रस्तुत करने की कोशिश की है।

उदाहरण रूप में आए उद्धरणों के अतिरिक्त जितने अंश पुस्तक में उद्धृत किए गए हैं, सभी अंग्रेज़ी से अनुवादित करके, इसलिए कि केवल हिन्दी जाननेवाले पाठकों को भी पुस्तक समझने में कहीं कोई कठिनाई का अनुभव न हो। अंग्रेज़ी के मूल उद्धरण जान-बूझकर छोड़ दिये गए हैं।

यह सोचकर कि रेडियो-वार्ता का सम्बन्ध उन लोगों से भी है, जो साहित्यकार नहीं हैं, लेखन-कार्य जिनका नियमित पेशा नहीं है, पुस्तक में

सिद्धनाथ कुमार

सिद्धनाथ कुमार का जन्म 13 अगस्त, 1927 को बक्सर, बिहार में हुआ। उन्होंने एम.ए., पी-एच.डी, डी.लिट्. की उपाधि प्राप्त की। आकाशवाणी के पटना केन्द्र में नाटक-लेखक और सहायक प्रोड्यूसर रहे। सन् 1962 से राँची विश्वविद्यालय के हिन्दी विभाग में अध्यापन कार्य किया। वहीं से अगस्त, 1989 में प्रोफ़ेसर पद से सेवानिवृत्त हुए।

उनकी प्रकाशित कृतियाँ हैं—'प्रसाद के नाटकों का पुनर्मूल्यांकन', 'हिन्दी एकांकी की शिल्पविधि का विकास', 'हिन्दी एकांकी', 'रेडियो नाट्य-शिल्प', 'रेडियो वार्ता-शिल्प', 'रेडियो नाटक की कला', 'हिन्दी पद्यनाटक : सिद्धान्त और इतिहास', 'संवेदना और शिल्प'; समीक्षा-शृंखला की पाँच पुस्तकों में : 'आधे-अधूरे' (मोहन राकेश), 'अंधेर नगरी' (भारतेन्दु), 'भारतदुर्दशा' (भारतेन्दु), 'चन्द्रगुप्त' (प्रसाद) और 'स्कंदगुप्त' (प्रसाद) का अध्ययन; 'टूटा हुआ आदमी' और 'जिन्दगी, तुम कहाँ हो?' (काव्य); 'कवि, सृष्टि की साँझ और अन्य काव्यनाटक', 'रंग और रूप', 'वे अभी भी क्वाँरी हैं', 'आदमी है नहीं है', 'मुर्दे जिएँगे', 'रोशनी शेष है', 'आतंक', 'रास्ता बन्द है' और 'अशोक' (नाटक); 'कमाल कुर्सी का', 'चमचे वही रहे', 'मिले सुर मेरा-तुम्हारा', 'मियाँ-बीवी राज़ी तो', 'देशभक्ति की जय' (व्यंग्य); जीवनचरित और बाल-साहित्य की अनेक पुस्तकें। 'हिन्दी साहित्य कोश', 'हिन्दी साहित्य का बृहत् इतिहास' आदि अनेक सन्दर्भ ग्रन्थों में टिप्पणियाँ और लेख।

सन् 1954 में 'वॉयस ऑफ़ अमेरिका' की हिन्दी सर्विस द्वारा आयोजित रेडियो रूपक प्रतियोगिता में एक रूपक सर्वश्रेष्ठ रूपक श्रेणी में पुरस्कृत हुआ। नाट्य कृतियों के लिए उन्हें 'राधाकृष्ण पुरस्कार', 'रामवृक्ष बेनीपुरी पुरस्कार' (राजभाषा विभाग, बिहार); 'भारतेन्दु हरिश्चन्द्र पुरस्कार' (सूचना और प्रसारण मंत्रालय) समेत कई पुरस्कारों से पुरस्कृत किया गया।

रेडियो-वार्ता शिल्प

सिद्धनाथ कुमार

राधाकृष्ण पेपरबैक्स

पहला संस्करण 1961 में भारतीय ज्ञानपीठ द्वारा प्रकाशित

राधाकृष्ण पेपरबैक्स में
पहला संस्करण : 2023

राधाकृष्ण पेपरबैक्स : उत्कृष्ट साहित्य के जनसुलभ संस्करण

राधाकृष्ण प्रकाशन प्रा. लि.
जी-17, जगतपुरी
दिल्ली-110 051
द्वारा प्रकाशित

शाखाएँ : अशोक राजपथ, साइंस कॉलेज के सामने, पटना-800 006
पहली मंजिल, दरबारी बिल्डिंग, महात्मा गांधी मार्ग, प्रयागराज-211 001
1, अनमोल सोराबजी संतुक लेन, धोबी तलाव, मरीन लाइंस, मुम्बई-400 002

वेबसाइट : www.radhakrishnaprakashan.com
ई-मेल : info@radhakrishnaprakashan.com

बी.के. ऑफसेट
नवीन शाहदरा, दिल्ली-110 032
द्वारा मुद्रित

मूल्य : ₹199

RADIO-VARTA SHILP
Technique of Radio Talk by Siddhnath Kumar

ISBN : 978-81-19092-89-5

लेखन कला-सम्बन्धी विषयों को पर्याप्त उदाहरणों द्वारा स्पष्ट करने का प्रयत्न किया गया है, जिससे वैसे वार्ताकार भी लाभान्वित हो सकें।

पुस्तक में अधिक उदाहरण भारत सरकार के पब्लिकेशन्स डिवीज़न द्वारा प्रकाशित 'रेडियो-संग्रह', 'प्रसारिका' और 'आकाशवाणी प्रसारिका' में छपी रेडियो-वार्ताओं से दिये गए हैं। लेखक इनके सौजन्य को साभार स्वीकार करता है; जिन अन्य स्थलों से भी उदाहरण दिये गए हैं, उनके प्रति भी अपनी कृतज्ञता प्रकट करता है।

उदाहरणों के सम्बन्ध में यह निवेदित करना उचित लगता है कि उदाहरण देते समय किसी रचनाकार की निन्दा या प्रशंसा करना लेखक का उद्‌देश्य नहीं रहा है। उसने रचनाकारों को अपने सामने रखा ही नहीं है, केवल उनकी कृतियों को देखा है, और सैद्धान्तिक कसौटी पर जो जहाँ उचित ज्ञात हुई हैं, उनको वहाँ रख दिया है। उन सब लेखकों के प्रति लेखक कृतज्ञ है, जिनकी रचनाओं के उद्धरण इस पुस्तक में आए हैं।

—सिद्धनाथ कुमार

क्रम

God forbid that I should set up for a teacher! I purpose merely to confide to my readers what little I have learned...reminding them meanwhile that even in the least important books one sometimes finds small matters deserving attention.

—Carlo Goldoni

(Italian Dramatist)

रेडियो-वार्ता शिल्प

रेडियो-वार्ता : साहित्य का एक नया रूप

'मैं आपसे रेडियो-लेखन के सम्बन्ध में कुछ बातचीत करूँगा। हमारी यह बातचीत वैसी ही होगी, जैसी किसी पार्क में, होटल में या ड्राइंग-रूम में बैठे दो-चार मित्रों की होती है। लेकिन, अगर मुझसे अभी कुछ असावधानी हो जाए, और आपको काग़ज़ की खड़खड़ाहट सुनाई पड़ जाए, तो आप सोचने लगेंगे, शायद मेरे हाथ में काग़ज़ के कुछ पन्ने हैं, शायद मैं आपसे बातचीत न करके, इन पन्नों को ही पढ़ रहा हूँ। आपका अनुमान सही होगा। आपसे मैं जो बातचीत कर रहा हूँ, वह मौखिक नहीं, लिखित है! मेरी यह वार्ता लिखित कृति है, रचना है। आप रेडियो सुनते हैं, तो आपने यह 'वार्ता' शब्द बार-बार सुना होगा। लेकिन 'साहित्य-दर्पण' या 'रस-गंगाधर' या साहित्य-शास्त्र के किसी भी प्राचीन ग्रन्थ में इसकी चर्चा नहीं मिलेगी। बात यह है कि अभी 30-35 वर्ष पहले तक 'वार्ता' नाम की रचना का अस्तित्व नहीं था। रेडियो के आविष्कार के बाद इसका जन्म हुआ है; केवल इसी का नहीं, रेडियो के लिए लिखित साहित्य के कई और रूपों का भी जन्म हुआ है।'—इन पंक्तियों से इस लेखक ने दो-ढाई वर्ष पहले 'साहित्य के नये रूप' वार्ताक्रम में प्रसारित अपनी 'रेडियो-लेखन' शीर्षक वार्ता प्रारम्भ की थी। सचमुच रेडियो के आविष्कार ने रेडियो-नाटक, रेडियो-रूपक आदि जिन नये साहित्य-रूपों को जन्म दिया है, उनमें रेडियो-वार्ता का भी महत्त्वपूर्ण स्थान है। देशी या विदेशी, कोई भी रेडियो-स्टेशन नहीं है, जहाँ से रेडियो-वार्ताएँ नहीं प्रसारित की जातीं। इनका

महत्त्व इस तथ्य से ही समझा जा सकता है कि 1956 में आकाशवाणी के विभिन्न केन्द्रों से प्रसारित वार्ताओं एवं परिसंवादों की संख्या 4946 थी। यह संख्या केवल अपने देश के लिए प्रसारित कार्यक्रमों की है, विदेशों के लिए प्रसारित कार्यक्रमों में हुई वार्ताओं की संख्या अलग है। ग्रामीण क्षेत्रों, बालकों तथा स्त्रियों के कार्यक्रमों में प्रसारित वार्ताओं की संख्या भी इसमें नहीं जोड़ी गई है। 1956 के बाद तो आकाशवाणी-केन्द्रों की संख्या और भी बढ़ी है, उनके साथ ही प्रसारित कार्यक्रमों की संख्या में भी वृद्धि हुई है। 1958 के वार्षिक विवरण से ज्ञात होता है कि विभिन्न केन्द्रों से प्रतिवर्ष अंग्रेज़ी तथा प्रादेशिक भाषाओं में दस हज़ार से अधिक वार्ताएँ प्रसारित की जाती हैं।

रेडियो-वार्ताओं का यह महत्त्व केवल संख्या की दृष्टि से है, गुण की दृष्टि से नहीं। रेडियो-कार्यक्रमों में सम्भवतः सबसे अनाकर्षक और नीरस रेडियो-वार्ताओं को ही समझा जाता है। रेडियो सुनते समय कोई वार्ता शुरू हुई नहीं कि मित्र कह बैठते हैं—'अरे, यह तो वार्ता शुरू हुई, कहीं दूसरी जगह लगाओ, कहीं गीत-वीत देखो।' पच्चीस वर्षों के संगठित प्रसारण के बाद भी हमारे यहाँ की वार्ताओं में इतनी शक्ति नहीं आ पाई है कि वे श्रोताओं का ध्यान अपनी ओर आकृष्ट कर सकें। आदर्श प्रसारण की दृष्टि से विचार किया जाए तो विदेशी प्रसारण-केन्द्रों को भी पूर्णतः सन्तोषजनक नहीं कहा जा सकता है। लियोनेल गेमलिन अपनी पुस्तक 'यू आर ऑन दि एयर' (प्रकाशन-काल : 1940) में बी.बी.सी. के कार्यक्रमों को आदर्श प्रसारण की कसौटी पर परखते हुए कहते हैं—'यह स्वीकार करना पड़ेगा कि शताब्दी के लगभग चतुर्थांश के प्रसारण के बाद भी असफल कार्यक्रमों की संख्या सफल कार्यक्रमों की अपेक्षा अधिक है।'

अपने यहाँ रेडियो-वार्ताओं को जो कलात्मक एवं आकर्षक रूप मिल जाना चाहिए था, वह नहीं मिल सका है, इसका मुख्य कारण यह है कि हमारे यहाँ के अधिकांश लोगों ने यह स्वीकार नहीं किया है कि रेडियो-वार्ता साहित्य का एक बिलकुल नया रूप है—ऐसा रूप, जो रेडियो के आविष्कार के पूर्व नहीं था। लोग पहले रेडियो-नाटक को जैसे रंगमंच-नाटक से भिन्न नहीं समझते थे, वैसे ही रेडियो-वार्ता को निबन्ध या लेख से भिन्न नहीं मानते

हैं। यह प्रसन्नता की बात है कि अब रेडियो-नाटक रंगमंच-नाटक से भिन्न समझा जाने लगा है। लेकिन रेडियो-वार्ता के सम्बन्ध में अभी ऐसी बात नहीं है। अभी भी आकाशवाणी-केन्द्रों में पाद-टिप्पणियों से भरी ऐसी रचनाएँ अयाचित ही प्रसारणार्थ आती रहती हैं, जिन्हें लेख या प्रबन्ध के अतिरिक्त और कुछ नहीं कहा जा सकता, और जिनका पाठ किया जाए, तो कम-से-कम 40-50 मिनट अवश्य लगें। अभी भी ऐसे व्यक्ति मिलते हैं, जो बातचीत के प्रसंग में कहते हैं—'मैं भी रेडियो से एक निबन्ध प्रसारित करना चाहता हूँ।' यह बात नहीं कि ऐसे निबन्ध आकाशवाणी से प्रसारित नहीं होते; होते हैं, और वार्ता के नाम पर अधिकतर निबन्ध ही प्रसारित होते हैं। इस साधारण-सी बात पर भी ध्यान नहीं दिया जाता कि रेडियो से प्रसारित रचनाएँ मात्र श्रव्य होती हैं, और उनकी सफलता अपने श्रव्य रूप में ही बोधगम्य होने में है। उदाहरण के लिए कुछ प्रसारित वार्ताओं के अंश प्रस्तुत हैं। 'कला के कक्ष में : यथार्थ और कल्पना' शीर्षक वार्ता का एक अंश इस प्रकार है—

'इस प्रकार कला-सृष्टि का क्रमबद्ध रूप यों बनता है—

कला सृष्टि
मूल
: अन्तर का अदृश्य आवेग या भाव :
शरीर
: यथार्थ के साथ उस भाव का सम्बन्ध
और रूप-ग्रहण :
प्राण
सौन्दर्य : आन्तर एवं बाह्य :
आत्मा
: रस :
लक्ष्य या फल
: आनन्द :'

(आकाशवाणी 'प्रसारिका', अप्रैल-जून 1956)

एक दूसरी वार्ता 'मरुस्थल में मनोरंजन के साधन' का एक अंश उद्धृत है—

'इस प्रकार समाज का मनोरंजन करनेवाली उल्लेखनीय जातियाँ निम्न हैं—

1. कुचामण, परबतसर के कठपुतली नचानेवाले नट।
2. डीडवाना तथा परबतसर के आस-पास रहनेवाले तेरह तालवाले।
3. झालोर-बाड़मेर आदि के कच्छी घोड़ी नचानेवाले सरगरे कुम्हार बामी।
4. बीकानेर, चूरु, पोखरन तथा घंटेल के भोपे, हड़बूजी के भोपे, मेरुजी के भोपे श्रौर गोगाजी के भोपे।
5. जैसलमेर, बाड़मेर के लंघे तथा मिरासी।
6. झालोर के सरगरे तथा ढोली।

उपर्युक्त सब जातियों का प्रमुख कार्य, गायन, वादन, नृत्य और नाट्य द्वारा अपने यजमानों का मनोरंजन करना है।'

(आकाशवाणी 'प्रसारिका', जनवरी-मार्च 1956)

पहला उद्धरण अपने श्रव्य रूप में कैसे बोधगम हो सकता है, इसकी कल्पना नहीं की जा सकती। दूसरे उद्धरण में जो इतने नाम एक साथ गिनाए गए हैं, उन्हें केवल एक बार सुनकर श्रोता क्या उन्हें स्मरण रख सकता है? 1, 2, 3 आदि क्रमांकों के पाठ से श्रोता क्या यह नहीं समझेगा कि वार्ताकार उससे बातचीत न कर उसे अपना निबन्ध सुना रहा है? इस अंश में आए 'निम्न' और 'उपर्युक्त' शब्द क्या इस तथ्य को प्रमाणित नहीं करते कि रचना श्रव्य नहीं, पाठ्य है? श्रव्य रचना में तो ऊपर या नीचे नाम की कोई चीज़ नहीं होती। तात्पर्य यह कि हमारे यहाँ से अधिकांशत: निबन्ध ही प्रसारित किए जाते हैं। आकाशवाणी के भूतपूर्व डायरेक्टर ऑफ़ प्रोग्राम्स श्री सोमनाथ चिब 'दि स्पोकेन वर्ड' शीर्षक अपने निबन्ध में आकाशवाणी से प्रसारित अंग्रेज़ी वार्ताओं के सम्बन्ध में कहते हैं कि इनके अधिकतर आलेख (Scripts) निबन्ध-जैसे लगते हैं। हिन्दी वार्ताओं के सम्बन्ध में भी यह अक्षरश: सत्य है। ऐसी स्थिति में यदि वार्ताएँ नीरस होती हैं, और उन्हें लोग नहीं सुनना चाहते, तो इसमें आश्चर्य की कोई बात नहीं है।

रेडियो-वार्ताओं की वर्तमान स्थिति सन्तोषजनक नहीं है, पर इसे परिवर्तित किया जा सकता है। वार्ताओं का स्वभाव नीरस और अनाकर्षक रहना नहीं है। सच कहा जाए, तो वार्ताओं का स्वभाव सरस और मनोरंजक होना ही है। चार मित्र एक साथ बैठते हैं, और आपस में बातें करते हैं। क्या ये बातें नीरस होती हैं? बात करने की कला जाननेवाला कोई मित्र अपने अनुभव सुनाने लगता है, कभी-कभी गम्भीर विषयों की भी चर्चा छेड़ देता है, तो क्या इससे वार्तालाप में नीरसता आ जाती है? कदापि नहीं। रेडियो ने तो हमें सामूहिक प्रेषणीयता का ऐसा अद्‌भुत साधन उपलब्ध करा दिया है कि हम एक स्थान पर बैठे एक ही साथ हजारों-लाखों व्यक्तियों को अपने अनुभव सुना सकें, उन्हें अपने विचारों से अवगत करा सकें। लेकिन यह तभी सम्भव है, जब हम रेडियो के माध्यम की अपेक्षाओं को, उसकी सीमाओं और सम्भावनाओं को समझें। आँखों के दृश्य माध्यम के लिए लिखित रचनाओं को रेडियो के श्रव्य माध्यम से प्रस्तुत करने से ऐसा नहीं होगा। संगीत का आनन्द हम आँखों से लेने का प्रयास नहीं करते, पर आँखों के लिए लिखित रचनाओं का आनन्द हम कानों को देना चाहते हैं। हमारे यहाँ की रेडियो-वार्ताओं की असफलता का यही रहस्य है। बी.बी.सी. के अनुभवी वार्ताकारों ने रेडियो के श्रव्य माध्यम को अपेक्षाओं को समझा है, और उनके अनुरूप कार्य किया है। इसीलिए डेसमंड मेकार्थी, वालफोर्ड डेविस, ए.जे. एलन, जे. बी. प्रीस्टली आदि प्रसिद्ध वार्ताकारों को लोग उत्सुकता के साथ सुनते रहे हैं।

रेडियो-वार्ताकार को सर्वप्रथम यह स्वीकार करना पड़ेगा कि रेडियो-वार्ता नये प्रकार की रचना है, निबन्ध से यह बिलकुल भिन्न है। लिखित होने पर भी यह मात्र श्रव्य है। जिस प्रकार कोई भी नाटक रेडियो-नाटक कहकर प्रसारित नहीं किया जा सकता, उसी प्रकार कोई भी निबन्ध वार्ता कहकर नहीं प्रसारित किया जा सकता। मुद्रित निबन्ध और प्रसारित वार्ता में अन्तर है। जैसे प्रसारण के लिए रंगमंच-नाटक को रेडियो-नाट्य के रूप में रूपान्तरित करना पड़ता है, उसी प्रकार निबन्ध को भी यदि हम प्रसारित करना चाहें, तो उसे वार्ता के रूप में रूपान्तरित करना पड़ेगा। इसे उदाहरण से स्पष्ट किया जा सकता है।

एक सज्जन को पंचवर्षीय योजनाओं में संचार एवं परिवहन के विकास पर वार्ता प्रसारित करने के लिए आमंत्रित किया गया। उनकी वार्ता, जो वास्तव में एक निबन्ध ही थी, का प्रारम्भिक अंश इस प्रकार था—

'शरीर-रचना में जो स्थान शिराओं एवं धमनियों का है, वही स्थान राष्ट्र के जीवन में संचार एवं परिवहन का है। आर्थिक, युद्ध-सम्बन्धी, प्रशासकीय, सांस्कृतिक एवं सामाजिक, सभी दृष्टियों से संचार एवं परिवहन राष्ट्र के समुत्थान के लिए अनिवार्य तत्त्व हैं। कदाचित् इसी दृष्टिकोण से ब्रिटिश शासकों ने उन्नीसवीं शताब्दी में ही भारतवर्ष में संचार एवं परिवहन का कार्य आरम्भ कर दिया था। तब से इन साधनों का निरन्तर विकास होता रहा है और अद्यावधि इस क्षेत्र में आशातीत विकास हुआ है।

स्वाधीनता-प्राप्ति के बाद संचार एवं परिवहन के साधनों का विकास उल्लेखनीय गति से हुआ है। प्रथम पंचवर्षीय योजना में कृषि, सिंचाई और शक्ति के साधनों के साथ परिवहन और संचार का स्थान भी विकास के तीन सर्वप्रमुख क्षेत्रों में रखा गया। इस योजना में संचार एवं परिवहन के साधनों के विकास के लिए अनुमानत: 531.46 करोड़ रुपयों का व्यय हुआ।

देश में संचार और परिवहन के प्रसार के लिए सरकार ने उदार नीति अपनाई है। प्रथम योजनावधि में डाक-तार विभाग के लिए प्राय: 39.5 करोड़ रुपये खर्च किए गए हैं। सरकार की यही योजना थी कि दो हज़ार जनसंख्या वाले, दो मील के अन्तर पर बसे हुए प्रत्येक गाँव में डाकघर खोले जाएँ। इस योजना के अनुसार डाकघरों की संख्या 36 हज़ार से बढ़कर 55 हज़ार हो गई। द्वितीय पंचवर्षीय योजना के अन्तर्गत लगभग 20 हज़ार और डाकघर खोलने का लक्ष्य है।'

निबन्ध का यह अंश वार्ता के रूप में परिवर्तित होने पर इस प्रकार हुआ—

'आपने कभी सोचा है, हमारा शरीर किस प्रकार सुचारु रूप से काम करता है? यह हमारी शिराओं, धमनियों और स्नायुओं का प्रभाव है। इन्हीं के ज़रिये एक जगह का ख़ून दूसरी जगह पहुँचता है, एक स्थान की चेतना दूसरे स्थान पर पहुँचती है। इन्हीं की प्रेरणा से हम जीवित हैं, और सुचारु रूप से काम कर रहे हैं। कोई राष्ट्र भी सुचारु रूप से काम करे, इसके लिए ज़रूरी है कि उसके शरीर में भी शिराएँ हों, धमनियाँ हों, स्नायु हों। आपका समाचार आपसे तीन सौ मील दूर रहनेवाले आपके मित्रों के पास पहुँच सके, आपके खाने के लिए पंजाब का गेहूँ आपके पास आ सके, शासन चलाने के लिए दिल्ली का आदेश पटना, पटना का आदेश आरा, गया, दरभंगा आदि शहरों में पहुँच सके, खतरे की घड़ी में देश की सेना एक छोर से दूसरे छोर पर आ सके, आपके मनोरंजन के लिए बननेवाली फ़िल्म बम्बई से आपके नगर में आ सकें—इस सबके लिए साधन चाहिए, संचार और परिवहन के साधन—रेल, तार, डाक, सड़क, हवाई जहाज़ वग़ैरह। ये ही राष्ट्र के शरीर की शिराएँ, धमनियाँ और स्नायु हैं। राष्ट्र का जीवन और स्वास्थ्य इन्हीं पर निर्भर करता है। आज़ादी मिलने के बाद हमारी राष्ट्रीय सरकार ने इनके महत्त्व को समझा है, और इनके विकास के लिए लगातार कोशिश करती रही है। पहली पंचवर्षीय योजना में जिन तीन प्रमुख क्षेत्रों के विकास पर विशेष ज़ोर दिया गया, उनमें कृषि, सिंचाई और शक्ति के साथ-साथ संचार और परिवहन का भी स्थान था। इनके विकास पर लगभग पाँच सौ इकतीस दशमलव चार, छह करोड़ रुपये खर्च किए गए। इसे हम यों भी कह सकते हैं कि देश के हर आदमी के लिए लगभग पन्द्रह रुपये ख़र्च किए गए। इसी से पता चल सकता है कि संचार और परिवहन को कितना महत्त्वपूर्ण समझा गया।

अब हम इनके विकास पर अलग-अलग ध्यान दें। सबसे पहले डाक-घरों के विकास को देखें। भारत गाँवों का देश है, गाँव-गाँव में शिक्षा और ज्ञान का प्रकाश पहुँच सके, इसके लिए गाँवों में डाकघरों के विकास को ज़रूरी समझा गया। डाकख़ाने खोलने के लिए काफ़ी उदार नीति अपनाई गई। पहली पंचवर्षीय योजना में यह लक्ष्य रखा गया कि हर ऐसे गाँव में, जिसकी आबादी दो हज़ार या उससे अधिक हो, एक डाकघर खुले, और ऐसा हुआ भी। दूसरी पंचवर्षीय योजना में, गाँवों को और सुविधा देने के लिए, यह तय किया गया कि दो मील के घेरे में रहनेवाले ऐसे दो-तीन गाँवों को मिलाकर भी जिनकी आबादी दो हज़ार या उससे अधिक हो, एक डाकख़ाना खुले; हाँ, निकट के दूसरे डाकख़ाने से उसकी दूरी कम-से-कम तीन मील ज़रूर हो। इस योजना के अनुसार काम हो रहा है। पहली योजना के शुरू में डाकघरों की संख्या केवल छत्तीस हज़ार थी, योजना के ख़त्म होते-होते वह पचपन हज़ार हो गई, यानी पाँच वर्षों में उन्नीस हज़ार डाकघर खुले, यानी देश में हर रोज़ बारह से भी अधिक डाकघर खोले गए।'

ऊपर एक ही सामग्री दो रूपों में प्रस्तुत की गई है, और उन्हें देखने से स्पष्ट ज्ञात हो सकता है कि दोनों में कितना अन्तर है। एक मुद्रण के दृश्य माध्यम के लिए है, दूसरा रेडियो के श्रव्य माध्यम के लिए। एक निबन्ध है, दूसरा, वार्ता। रेडियो से वार्ता ही प्रसारित होनी चाहिए, निबन्ध नहीं। वार्ता को हम 'बातचीत' भी कहते हैं। अंग्रेज़ी में इसका पर्याय 'रेडियो-टॉक' (Radio Talk) है।

निबन्ध और रेडियो-वार्ता का अन्तर स्पष्ट करने के बाद यह दुहराने की आवश्यकता नहीं रह जाती कि रेडियो-वार्ता साहित्य का एक बिलकुल नया रूप है। यद्यपि इसका रूप लिखित होता है, पर यह दृश्य और पाठ्य नहीं, केवल श्रव्य है। अन्य लेखकों की भाँति रेडियो-वार्ताकार भी लिखता है,

लेकिन यह ध्यान में रखकर लिखता है कि उसकी रचना पाठकों और दर्शकों के पास नहीं, श्रोताओं के पास पहुँचने वाली है, अत: उसे अपने श्रव्य रूप में प्रभावशाली होना चाहिए। रेडियो के श्रव्य माध्यम की सीमाओं और शक्तियों से परिचित होकर ही कोई व्यक्ति रेडियो-वार्ता-लेखन एवं प्रसारण में सफल हो सकता है।

रेडियो-वार्ता की सीमाएँ

रेडियो-शिल्प के अनुभवी विद्वान् कहते हैं कि रेडियो-कार्यक्रमों का श्रोता अन्धा होता है, वह अपनी आँखों से काम नहीं ले सकता। लेकिन प्रसारण के सम्बन्ध में गम्भीरता से विचार किया जाए, तो ज्ञात होगा कि रेडियो-कार्यक्रमों का प्रसारणकर्ता भी अन्धा होता है, वह भी अपनी आँखों से काम नहीं ले सकता। वह अपनी आँखों से अपना आलेख पढ़ भर सकता है, उससे अधिक कुछ नहीं कर सकता। प्रसिद्ध चिन्तक एमर्सन ने कहा है कि 'आँखें सभी भाषाएँ बोलती हैं।' अमरीकी लेखक टकरमैन कहते हैं—

> 'आँखें ऐसी वक्तृत्व-शक्ति और सच्चाई के साथ बोलती हैं कि शब्दों को भी मात कर देती हैं।' इन उक्तियों की सत्यता को अस्वीकार नहीं किया जा सकता। आँखों में अद्‌भुत अभिव्यंजना-शक्ति होती है। आँखों से ज़बान का काम लेने की चर्चा केवल फ़िल्मी बातचीत नहीं है, वह हमारे व्यावहारिक जीवन का सत्य है। अपने दैनिक व्यवहार में हम केवल शब्दों से ही नहीं बोलते, दृष्टि से भी बोलते हैं। किन्तु, रेडियो-वार्ताकार अपनी इन आँखों का उपयोग नहीं कर सकता; यदि वह करे भी, तो उसके श्रोताओं के लिए उनका कोई अर्थ नहीं है। उसका श्रोता उसकी आँखों की भाषा नहीं पढ़ सकता; वह उससे दूर रहता है, उससे बिलकुल अदृश्य।'

आँखों के सम्बन्ध में कही गई बात मुखाकृति पर भी लागू है। मुखाकृति से भी विचारों और भावनाओं की अभिव्यक्ति होती है। शेक्सपियर ने लिखा है—

> 'तुम्हारा मुख एक पुस्तक है, जिसमें लोग विचित्र बातें पढ़ सकते हैं।'

आँखों और मुखाकृति से वक्ता के शब्दों की अभिव्यंजना-शक्ति बढ़ती है। यही बात अन्य भाव-भंगिमाओं एवं संकेतों के सम्बन्ध में कही जा सकती है। हाथ और उँगलियों के इशारों से भी हम भावाभिव्यक्ति करते हैं; कभी-कभी तो यह भावाभिव्यक्ति इतनी सशक्त होती है कि शब्द उनके समक्ष अत्यन्त दुर्बल ज्ञात होते हैं। हर्बर्ट स्पेन्सर द्वारा दिये गए उदाहरणों का सहारा लेकर कहा जा सकता है—'दरवाज़े की तरफ़ इशारा करने की अपेक्षा यह कहना कि 'कमरा छोड़ दो,' कम अभिव्यंजक है। 'मत बोलो' कहने की तुलना में होंठों पर उँगली रख देना अधिक शक्तिशाली है। 'यहाँ आओ' की अपेक्षा हाथ का संकेत अधिक अच्छा है। आश्चर्य के भाव को कोई भी शब्दावली इतनी स्पष्टता के साथ अभिव्यक्त नहीं कर सकती, जितनी स्पष्ट से आँखों का खोलना और भौंहों का उठाना कर सकता है।' रेडियो-वार्ताकार अभिव्यक्ति के इन सशक्त साधनों का उपयोग नहीं कर सकता। यह उसकी बहुत बड़ी सीमा है। उसे केवल अपने शब्दों और स्वरों से काम लेना है, और उन्हीं के द्वारा उस प्रभावोत्पादकता के अभाव की पूर्ति करनी है, जो वक्ता को लोगों के सम्मुख उपस्थित होकर भाषण देते समय उपलब्ध रहती है।

प्रत्यक्ष भाषण की तुलना में रेडियो-वार्ता की एक और सीमा स्पष्ट ही दिखाई पड़ती है। वार्ताकार रेडियो के स्टूडियो में माइक्रोफ़ोन के सामने अकेला बैठा हुआ अपना आलेख पढ़ता है, उसके श्रोता उससे दूर अपने-अपने घरों में उसकी वार्ता सुनते हैं। वार्ताकार अपने श्रोताओं की प्रतिक्रिया से वंचित रह जाता है, वह समझ नहीं पाता कि उसकी वार्ता का प्रभाव श्रोताओं पर कैसा पड़ रहा है। 'गुड लिस्निंग' पुस्तक के लेखक एल्कन एंड डोरोथियन एलन का कथन है कि—

'माइक्रोफ़ोन पर बोलने और अन्यत्र बोलने में व्यावहारिक अन्तर उन लोगों का है, जिन को सम्बोधित किया जाता है।'

सचमुच श्रोताओं की प्रतिक्रिया का प्रभाव वक्ता और उसकी भाषण-कला पर अवश्य ही पड़ता है। बड़ी-बड़ी सभाओं में भाषण देनेवाले वक्ताओं को इसका अनुभव सदा होता रहता है, और वे अपने सम्मुख बैठे श्रोताओं की प्रतिक्रियाओं के अनुरूप अपनी कला में परिवर्तन करने का प्रयत्न करते चलते हैं। आलोचक ब्रेंडर मैथ्यूज ने नाटकों के सम्बन्ध में जो कहा है कि 'रंगमंच समूह का कार्य है, तथा नाटककार की कृति उन दर्शकों से भी प्रभावित होती रहती है, जिनके लिए नाटक प्रस्तुत किया जाता है,' वह प्रत्यक्ष भाषणों के लिए भी अक्षरशः सत्य है। रेडियो पर बोलनेवाला व्यक्ति वक्तृत्व कला की इस विशेषता का उपयोग नहीं कर सकता। वह अन्धकार में अपने शब्दों के तीर चलाता जाता है, और समझ नहीं पाता कि वे कहीं लगते भी हैं या नहीं। रेडियो-वार्ताकार को इस सीमा का भी खंडन करना होता है।

यहीं एक बात यह कह दी जाए कि रेडियो-वार्ता प्रत्यक्ष भाषण से बिलकुल भिन्न है। यह समूह का कार्य नहीं है, व्यक्तियों का कार्य है—अधिक से अधिक दो-दो, चार-चार व्यक्तियों से बनी गोष्ठियों का कार्य है। इन दोनों में जो अन्य अन्तर हैं, उनकी चर्चा हम यथास्थान बाद में करेंगे, लेकिन अभी जो कहा गया है, उसके आधार पर यह निःसंकोच स्वीकार किया जा सकता है कि रेडियो-वार्ता को 'रेडियो-भाषण' कहना उचित नहीं है। बहुत लोग रेडियो पर भाषण देने की बात किया करते हैं; रेडियो-शिल्प पर लिखी एक हिन्दी पुस्तक में भी इसे 'रेडियो-भाषण' कहा गया है। इस प्रकार का भ्रमोत्पादक नामकरण रेडियो-वार्ता के स्वरूप को समझने में बाधक होगा। जैसा पहले कहा जा चुका है, अंग्रेज़ी में भी इसे 'रेडियो-टॉक' (Radio Talk) ही कहते हैं, 'रेडियो स्पीच' (Radio Speech) या अन्य कुछ नहीं।

अब फिर हम अपने मूल विषय पर आएँ। एकान्त भाषण तथा श्रोता की प्रतिक्रिया के अभाव में यह आशंका रहती है कि वार्ताकार कहीं यंत्रवत् न हो जाए, दो-चार मित्रों की गोष्ठी में बातें करते समय उसमें जो मानवीयता और

सप्राणता रहती है, वह कहीं लुप्त न हो जाए। अठारहवीं शताब्दी के प्रसिद्ध अंग्रेज़ वक्ता चेस्टरफील्ड ने कहा है—

> 'तुम जिस व्यक्ति से बातें कर रहे हो, उसकी सच्ची भावनाओं को जानना चाहते हो, तो उसके चेहरे को देखो; वह अपने शब्दों को सरलता से नियंत्रित कर सकता है, मुख पर अंकित भावनाओं को नहीं।'

छोटी गोष्ठी में बातें करते समय किसी वक्ता की वाणी में जो सजीवता रहती है, उसका यही कारण है; वह प्रतिक्षण अपने मित्रों की मुखाकृति से प्रभावित होता रहता है। रेडियो-वार्ताकार इस सजीवता को किस प्रकार बनाए रख सके, यह उसके लिए एक समस्या है।

अब हम मुद्रित निबन्ध की तुलना में रेडियो-वार्ता को कुछ सीमाओं पर विचार करेंगे। कवि बायरन ने कहा था—

> 'कोई भी हाथ मेरे लिए अब घड़ी से वह समय नहीं बजवा सकता, जो गुज़र गया।'

रेडियो-वार्ता का श्रोता भी कोई वार्ता सुनकर यही कह सकता है। रेडियो-वार्ता भी, अन्य रेडियो-कार्यक्रमों की तरह ही, गुज़रे हुए समय की भाँति वापस नहीं आती; वह घड़ी के एक-एक सेकेंड के साथ आगे बढ़ती जाती है, पीछे नहीं लौटती। फलतः यदि कुछ पंक्तियाँ श्रोता की समझ में नहीं आतीं, तो वह उन्हें दुबारा नहीं सुन सकता। इसके विपरीत यदि उसे मुद्रित निबन्ध के कुछ वाक्यों को समझने में कठिनाई हो सकती है, तो वह उन्हें एक ही बार नहीं, सौ बार पढ़ने को स्वतंत्र है। वह चाहे, तो पहले पढ़े हुए पृष्ठों को फिर से उलटकर देख सकता है। रेडियो-वार्ता का श्रोता इस दृष्टि से विवश है। उदाहरण के लिए, यदि वह रेडियो पर ये पंक्तियाँ सुनता है—

> 'मानव-जीवन में दुख-वेदना और कष्ट का प्रश्न, उससे पलायन, उसके भोग य. उसमें सार्थकता खोजने का प्रयास, व्यक्ति के

> आत्म-साफल्य और उसकी सामाजिक उपयोगिता का प्रश्न, नैतिक मूल्यों के एक नये परिमाण खोजने की आवश्यकता, जीवन-प्रक्रिया में आत्म-निषेध या आत्मोपलब्धि के बीच में श्रद्धा की एक स्थायी भूमि खोज पाने का प्रयास, कुछ लोगों की अत्यन्त अप्रिय शब्दावली का प्रयोग करूँ तो तेज़ी से घूमते हुए चक्र की एक स्थिर धुरी खोजने की प्यास—ये सभी प्रश्न बड़े ही सांकेतिक ढंग से जैनेन्द्र ने 'सुनीता' में उठाए हैं।'
>
> (सारंग, 22 अक्टूबर, 1957)

और इनकी शब्दावली को पूर्णतः समझ नहीं पाता, अथवा वाक्य की समाप्ति के बाद फिर से यह जानना चाहता है कि 'सुनीता' में कौन-कौन से प्रश्न उठाए गए हैं, तो उसकी इच्छा पूर्ण नहीं हो सकती। ये पंक्तियाँ उसे फिर से नहीं सुनाई पड़ेंगी। श्रोता की यह विवशता भी रेडियो-वार्ताकार की एक बहुत बड़ी सीमा है।

श्रोता किसी वार्ता को दुबारा नहीं सुन सकता, यह तथ्य रेडियो-वार्ता तथा मुद्रित निबन्ध के एक और अन्तर की ओर संकेत करता है। मुद्रित निबन्ध एक पूर्ण रचना होता है, वह अपने समग्र रूप में पाठक को उपलब्ध रहता है। पर रेडियो के श्रोता को कोई कृति पूर्णतः संगठित एवं सम्पूर्ण रूप में स्वतः नहीं उपलब्ध होती, उसे इसके लिए स्वयं परिश्रम करना पड़ता है। उसे सुने हुए एक-एक वाक्य को जोड़कर पूर्ण संगठित कृति निर्मित करनी पड़ती है। वह एक-एक वाक्य सुनता हुआ क्रमशः आगे बढ़ता जाता है। वह वार्ता को मुद्रित निबन्ध की भाँति एक बार ही समग्र रूप में नहीं देख सकता, जिससे कठिन अंशों को फिर से दुहराकर समझ सके। रेडियो-वार्ता की इस दुर्बलता को वार्ताकार कैसे दूर करे, वह क्या करे कि वार्ता का सामूहिक प्रभाव श्रोता पर मुद्रित रचनाओं से किसी प्रकार कम न पड़े, यह उसके लिए एक कठिन प्रश्न है।

समग्र प्रभाव की जो बात अभी कही गई, उसका सम्बन्ध श्रोता की स्मरण-शक्ति से भी है। श्रोता किसी वार्ता में आए सभी वाक्यों को स्मरण नहीं

रख सकता। साहित्य का लिखित रूप हमारी स्मरण-शक्ति का सहायक होता है, पर उसके श्रव्य रूप में इस विशेषता का अभाव रहता है। रेडियो-वार्ता के सम्बन्ध में आलोचक रोजर मेनवेल का विचार है—

> 'प्रसारित वार्ता श्रुत रूप में, श्रोता के विचार-प्रवाह में एक-एक वाक्य करके रहती है, और उसके बाद विस्मृत होती हुई स्मृति को टेढ़ी-मेढ़ी राहों में प्रवेश करती है। फलतः वार्ता की समाप्ति पर सामान्य श्रोता के लिए वार्ता के प्रारम्भ एवं विकास के विषय में निश्चित रूप से कुछ कह सकना कठिन होता है।'

रेडियो-श्रोता की यह ऐसी मनोवैज्ञानिक अक्षमता है, जिस पर विचार करना रेडियो-वार्ताकार का कर्तव्य हो जाता है।

रेडियो-कार्यक्रम जिस वातावरण में सुने जाते हैं, वह भी वार्ताकार के लिए विचारणीय विषय है। हम अपने व्यावहारिक जीवन में देखते हैं कि रेडियो-श्रवण का वातावरण शायद ही कभी और किसी के यहाँ बिलकुल शान्त रहता है। ऐसे कम ही लोग मिलेंगे, जो कमरे के दरवाज़े बन्द कर शान्ति के साथ कार्यक्रम सुनते हैं। होता अधिकतर यह है कि लोग कार्यक्रम भी सुनते रहते हैं, आपस में कभी-कभी बातें भी करते जाते हैं, दूसरी तरफ़ बच्चों का शोरगुल भी होता रहता है, बीच-बीच में टेलीफ़ोन की घंटी भी बजती रहती है, कमरे में इधर-उधर की दूसरी आवाज़ें भी आती रहती हैं। इसके विपरीत यदि हमें मुद्रित साहित्य पढ़ना होता है, तो एकान्त में शान्तिपूर्वक पढ़ने का प्रयत्न करते हैं। पढ़ने का काम लोगों की भीड़ और तरह-तरह की हलचलों में नहीं होता। रेडियो-वार्ताकार रेडियो-श्रवण के इस बाधक वातावरण का किस प्रकार सामना करे, यह भी एक समस्या है।

रेडियो-वार्ताकार के सम्मुख इतनी सारी कठिनाइयाँ हैं : उसके पास केवल वाणी है, अभिव्यक्ति के दूसरे दृश्य साधन नहीं हैं; श्रोता के पास केवल श्रवण हैं, दृष्टि नहीं है, और ये श्रवण भी प्रसारित रचनाओं को केवल एक ही बार सुन सकते हैं; श्रोता की स्मरण-शक्ति भी वार्ता को सम्पूर्णतः स्मरण रखने में अक्षम है; और, श्रोता जिस वातावरण में कार्यक्रम सुनता है, वह भी प्रशंसनीय

नहीं कहा जा सकता। वार्ताकार को इन सीमाओं को खंडित करना है। उसकी सहायता करनेवाले साधन बड़े सीमित हैं : भाषा की शक्ति, मनोविज्ञान से उपलब्ध ज्ञान, लेखन-कौशल, ध्वनि और प्रसारण-शैली। इन सबका वह किस प्रकार अधिकाधिक सफलता के साथ उपयोग कर सकता है, इसका विवेचन हम अगले अध्यायों में करेंगे।

रेडियो-वार्ता और भाषित शब्द

देवराज इन्द्र ने दानी कर्ण से उसके उन कवच-कुंडलों को, जिन पर उसका जीवन निर्भर था, माँग कर उनके बदले में उसे एक ऐसा अस्त्र दिया था, जिसका वार विफल नहीं हो सकता था, पर कर्ण द्वारा उसका व्यवहार एक ही बार सम्भव था। लेकिन रेडियो ने अभिव्यक्ति से उसके लिखित एवं दृश्य, सभी साधनों को छीनकर उनके स्थान पर उसे भाषित शब्दों का जो अस्त्र दिया है, वह एक ही नहीं, असंख्य बार व्यवहृत हो सकता है, और यह व्यवहार समुचित ढंग से किया जाए, तो इसका वार भी कभी निष्फल नहीं जाएगा। भाषित शब्दों की शक्ति अपरिमित है। लिखित शब्दों में वह क्षमता नहीं है, जो उच्चरित शब्दों में होती है। व्याकरण महाभाष्य के टीकाकार कैयट ने कहा है—

> 'ठीक तरह से जाना हुआ और ठीक तरह से प्रयुक्त हुआ एक शब्द स्वर्ग और लोक के मनोरथ को पूर्ण करनेवाला होता है।'

हम स्वर्ग की बात तो नहीं जानते, पर शब्दों की शक्ति का समुचित ज्ञान और व्यवहार इस लोक के मनोरथों को पूर्ण करनेवाला हो सकता है, इसमें सन्देह नहीं। रेडियो से अभिव्यक्ति का एकमात्र माध्यम यह शब्द ही है। रेडियो-नाटक, रेडियो-रूपक आदि में तो संगीत और ध्वनि प्रभावों का भी

व्यवहार होता है, पर रेडियो-वार्ता का एकमात्र साधन शब्दों का भाषित रूप ही है। इसकी शक्ति को समझकर रेडियो-माध्यम में अप्राप्य साधनों की पूर्ति की जा सकती है।

रेडियो ने भाषित शब्दों की ओर हमारा ध्यान आकृष्ट कर सचमुच हमें नई शक्ति दी है, हमारी भाषा की खोई हुई शक्ति को हमें फिर वापस कर दिया है। अपने जन्म के समय भाषा को अद्‌भुत शक्ति मिली थी—अपने विचारों एवं भावनाओं के प्रत्यक्ष अभिव्यंजन की शक्ति। वाणी इस शक्ति का आधार थी। वाणी के द्वारा ही भाषा का जन्म हुआ। भाषा का प्रारम्भिक रूप मौखिक ही था। मनुष्य ने पहले बोलना सीखा, उसके बाद लिखना। बोली और सुनी हुई भाषा में भावाभिव्यंजन की जो शक्ति है, वह लिखी और पढ़ी जानेवाली भाषा में नहीं है। हम जानते हैं कि शब्द हमारी भावनाओं-अनुभूतियों के मूर्तिमान रूप हैं; इन्हीं की शक्ति से वे जीवित रहते हैं। शब्दों के उच्चरित रूप को हमारे भाव और विचार ही सजीव एवं प्राणवन्त बनाए रखते हैं, लेकिन उनके लिखित रूप में यह बात नहीं रह जाती, उन्हें सजीव बनाए रखनेवाली हमारी अनुभूतियाँ उनके पीछे से हट जाती हैं। यही कारण है कि किसी के प्रत्यक्ष भाषण में हमें जिस सप्राणता के दर्शन होते हैं, वह उसी के लिखित एवं मुद्रित रूप में नहीं मिलती। फ्रेंच लेखक लोरेन का कथन अक्षरशः सत्य है कि 'छपा हुआ भाषण सूखे हुए फूल की तरह होता है : उसका मूल-तत्त्व उसमें रहता है, पर उसका रंग धूमिल पड़ जाता है, और सुगन्ध उड़ जाती है।' ठीक यही बात प्रो. बुचर भी कहते हैं—

> 'शब्द अपनी उच्चरित शक्ति से वंचित होने पर, अपने मुद्रित रूप में केवल अर्द्धजीवित रहते हैं।'

भाषा की शक्ति और किस प्रकार खो गई है, इस पर एक और दृष्टि से विचार कर लें। भाषा का तात्पर्य केवल शब्दों से ही नहीं होता, शब्दों से परे अन्य साधनों से भी होता है। अभिव्यक्ति के कुछ साधनों की चर्चा हम पहले कर आए हैं। उनकी और उन्हीं के साथ कुछ और साधनों की चर्चा हम यहाँ डॉ. श्यामसुन्दर दास के शब्दों में करना चाहते हैं—

'भाषा का शरीर उन व्यक्त ध्वनियों से बना है, जिन्हें 'वर्ण' कहते हैं, पर उसके कुछ सहायक अंग भी होते हैं। आँख और हाथ के इशारे अपढ़ और जंगली लोगों में तो पाए हो जाते हैं, हम लोग भी आवश्यकतानुसार इन संकेतों से काम लेते हैं। किसी अन्य भाषा-भाषी से मिलने पर प्रायः अपूर्ण उच्चारण अथवा अपूर्ण शब्द-भांडार की पूर्ति करने के लिए हमें संकेतों का प्रयोग करना पड़ता है। बहरे और गूँगों से संलाप करने में उनकी संकेतमय भाषा का ज्ञान आवश्यक हो जाता है। इसी प्रकार मुख-विकृति भी भाषा का दूसरा अंग मानी जा सकती है। गर्व, घृणा, क्रोध, लज्जा आदि के भावों के प्रकाशन में मुख-विकृति का बड़ा सहयोग रहता है। एक क्रोधपूर्ण वाक्य के साथ ही वक्ता की आँखों में भी क्रोध देख पड़ना साधारण बात है। बातचीत से मुख की विकृति अथवा भाव-भंगी का इतना घनिष्ठ सम्बन्ध होता है कि अन्धकार में भी हम किसी के शब्दों को सुनकर उसके मुख की भाव-भंगी की कल्पना कर लेते हैं। ऐसी अवस्थाओं में प्रायः कहने का ढंग अर्थात् आवाज़ (tone of voice) हमारी सहायता करती है। बिना देखे भी हम दूसरे की 'कड़ी आवाज़' 'भरी आवाज़' अथवा 'भर्राए' और 'टूटे' स्वर से उसके वाक्यों का भिन्न-भिन्न अर्थ लगाया करते हैं। इसी से लहज़ा, आवाज़ (tone) अथवा स्वर-विकार भी भाषा का एक अंग माना जाता है। इसे वाक्य-स्वर भी कह सकते हैं। इसी प्रकार स्वर (अर्थात् गीतात्मक स्वराघात), बल-प्रयोग और उच्चारण का वेग (अर्थात् प्रवाह) भी भाषा के विशेष अंग होते हैं।'

कहने की आवश्यकता नहीं कि लेखन-कला और मुद्रण-यंत्र के आविष्कार ने भाषा को उसके इन सभी अंगों से विच्छिन्न कर दिया है, जिसके फलस्वरूप भाषा अपने को अशक्त अनुभव करने लगी है। जो भाषा जितनी ही पुरानी है और परम्परागत प्रयोगों के कारण जिसकी शब्द-शक्ति जितनी ही घिस गई है,

उसे उतना ही अधिक अपनी शक्ति-क्षीणता का अनुभव होता है, और वह उसे दूर करने के लिए अपनी शैली का संस्कार करती दिखाई पड़ती है। अंग्रेज़ी के सम्बन्ध में कवि एवं नाटककार लुई मैकनीस का विचार है कि—

'अंग्रेज़ी, जिसका साहित्य इतना पुराना है, और जिसकी समसामयिक शैली प्रयोगों से इतनी अश्लील हो गई है, को आज भावात्मक लेखन के लिए उपचार-वक्रता—सीधे-सादे वक्तव्यों और घिसे-पिटे चित्रों को टेढ़े ढंग से कहने की शैली पर निर्भर करना पड़ रहा है।'

उनके अनुसार मुद्रित पृष्ठ पर ऐसा करने के लिए सतत कौशल-प्रदर्शन की अपेक्षा है, पर उच्चरित शब्दों के द्वारा जिसे सहज ही किया जा सकता है।

इसी प्रसंग में 'अज्ञेय' की ये पंक्तियाँ भी उद्धृत की जा सकती हैं—

'भाषा को अपर्याप्त पाकर विराम-संकेतों से, अंकों और सीधी-तिरछी लकीरों से, छोटे-बड़े टाइपों से, सीधे या उलटे अक्षरों से, लोगों और स्थानों के नामों से, अधूरे वाक्यों से—सभी प्रकार के इतर साधनों से कवि उद्योग करने लगा कि अपनी उलझी हुई संवेदना की सृष्टि को पाठकों तक अक्षुण्ण पहुँचा सके।'

इसके उदाहरण-स्वरूप देशी-विदेशी अत्याधुनिक कविता के अनेकानेक अंश उद्धृत किए जा सकते हैं। हिन्दी की एक कविता का अंश प्रस्तुत है—

मैं—
—ने
[अर्थात् हम—ने]
इन्हें अपने चरित्र के गर्भ में धारण किया,
जाने, या बहुत कुछ अंशों में अनजाने ही
इनका संधारण
मनसा,

वाचा,
कर्मणा
सम्भावित हुआ।
और,
फिर उसी तरह,
शत,
सहस्त्र,
अभिव्यक्तियों,
इंगितों,
आवरणों,
कर्मों,
के माध्यम
इनके पूर्ण को
खंडशः अवतरित किया।
(अरस्तू के दर्शन का प्रयोग
मेरा—(+ रा)
अर्थात्
हमारा—(+ रा)
लक्ष्य नहीं था)

('क्वार की साँझ' संग्रह से)

गद्य के भी ऐसे अनेक उदाहरण दिये जा सकते हैं, जिनमें लेखन-शैली की नवीनता के द्वारा चमत्कार उत्पन्न करने का प्रयत्न किया जाता है। 'अपरम्परा' (त्रैमासिक साहित्य संकलन) में प्रकाशित 'तीसरी कसम अर्थात् मारे गए गुलफाम!' शीर्षक कहानी से कुछ पंक्तियाँ उद्धृत हैं—

'दारोगा साहब की डेढ़ हाथ लम्बी चोरबत्ती की रोशनी कितनी तेज़ होती है, हिरामन जानता है। एक घंटा तक आदमी अन्धा हो जाता है, एक छटक भी पड़ जाए आँखों पर, तो! रोशनी

के साथ तड़कती हुई आवाज़—ऐ-य! गाड़ी रोको!! साले, गोली मार देंगे!

बीसों गाड़ी एक साथ कचकचाकर रुक गईं। हिरामन ने पहले ही कहा था—यह बीस विषावेगा। दारोगा साहब उसकी गाड़ी में दुबके हुए मुनीमजी पर रोशनी डालकर पिशाची हँसी हँसे—हा हा हा। मुँड़ीमजी ई-ई-ई। ही ही ही। 'ऐ-य, साला गाड़ीवान, मुँह क्या देखता है है रे—ए-ए? कम्बल हटाओ इस बोरे के मुँह पर से! हाथ की छोटी लाठी से मुनीमजी ने पेट में खोंचा मारते हुए कहा था—इस बोरे को! स-स्साला!!'

इन उदाहरणों से स्पष्ट ज्ञात होता है कि लेखक किस प्रकार अपनी शैली की शक्ति से लिखित भाषा की अक्षमता मिटाने के लिए प्रयत्नशील है। यह मुद्रण-यंत्र और लेखन-कला का प्रभाव है। इन्होंने लेखकों और पाठकों को दूसरे प्रकार से भी प्रभावित किया है। यहाँ हम कुछ और प्रभावों पर विचार करेंगे।

शब्दों में चित्र-निर्माण की शक्ति होती है। जब कोई शब्द उच्चरित किया जाता है, तब श्रोता के मन में उच्चरित ध्वनियों की प्रतिक्रिया होती है, और मानस-चित्र उभर आते हैं। शब्दों के लिखित रूप में यह शक्ति नहीं होती। फलतः मुद्रण-यंत्र ने लेखकों और पाठकों का ध्यान भाषित शब्दों की प्रतिक्रिया से हटा दिया है। सोमनाथ चिब के शब्दों में—

'लिखित शब्दों ने लेखकों में भाषा को वाक्य और अनुच्छेद के रूप में सोचने की आदत को जन्म दिया। इसने उच्चरित शब्दों की प्रतिक्रियाओं, चित्रों और अर्थों पर से लेखक और पाठक का ध्यान हटा दिया।'

दूसरी बात यह भी ध्यान देने की है कि शब्द में केवल अर्थ ही नहीं होता, ध्वनि भी होती है। ध्वनियों के श्रवण में भी आनन्द होता है। कविता में तो इस नाद-सौन्दर्य का बहुत ही महत्त्वपूर्ण स्थान है, लेकिन उसके लिखित रूप के

मौन पाठ द्वारा इस आनन्द की उपलब्धि नहीं हो सकती। इसका प्रभाव श्रोताओं की काव्यानन्द-ग्रहण की शक्ति पर पड़ता है। जैसा कि प्रो. बुचर ने कहा है—

> 'मुद्रण-कला ने हमारी साहित्यिक दृष्टि मन्द कर दी है।'

लुई मैकनीस ने भी सत्य ही कहा है कि—

> 'हम ऐसे युग में हैं, जिसमें हमारे कुछ कवि भी इस प्रकार लिखते हैं, जैसे वे बहरे और गूँगे हैं।'

नाद-सौन्दर्य की यह बात केवल काव्य के लिए ही सत्य नहीं है, गद्य की लयात्मकता में भी सौन्दर्य होता है, जिसे सुनकर आनन्द प्राप्त किया जा सकता है।

कहने की आवश्यकता नहीं कि मुद्रण-यंत्र द्वारा अपहृत शब्दों की मौलिक शक्तियों को रेडियो फिर से वापस दे सकता है। रेडियो ने भाषा को स्वर-विकार, स्वर, बल और प्रवाह, इन सभी अंगों से पुनः सम्पन्न कर दिया है। इसने हमें शक्ति दी है कि हम भाषित शब्दों से श्रोताओं के मन में अपेक्षित मानस-चित्रों का निर्माण कर सकें, अपेक्षित प्रतिक्रियाएँ जगा सकें, शब्दों के सूखे हुए फूल में फिर रंग और गन्ध ला सकें, अर्द्धजीवित शब्दों को पूर्णतः प्राणवन्त बना सकें।

भाषित शब्दों के पक्ष में कहे गए तथ्यों से यह न समझा जाए कि लिखित और मुद्रित शब्दों का कोई मूल्य ही नहीं है। इन दोनों ने हमारी सभ्यता के विकास में बहुत बड़ा काम किया है : लेखन-कला के आविष्कार ने मानव-मानव के बीच की दूरी मिटाई थी; एक स्थान का व्यक्ति अपने से कोसों दूर रहनेवाले व्यक्तियों से विचार-विमर्श करने में समर्थ हो सका। इस प्रकार मुद्रण-यंत्र के आविष्कार ने देश-काल की दूरी मिटाकर ज्ञान का प्रसार किया, कालिदास और शेक्सपियर-जैसे साहित्यकारों की कृतियाँ सबके लिए सुलभ हो गईं। लेकिन इन सुविधाओं के बावजूद लेखन और मुद्रण ने भाषित शब्दों की शक्ति छीनी, इसे अस्वीकार नहीं किया जा सकता। रेडियो की विशेषता यह है कि इसने लेखन और मुद्रण-कलाओं की तरह स्थानों की दूरी भी मिटाई है, साथ ही शब्दों की

खोई हुई शक्ति भी वापस दी है। अभिव्यक्ति का इतना विचित्र माध्यम मनुष्य को पहली बार मिला है, जिसमें प्रत्यक्ष भाषण की सामूहिकता भी है, और स्थानों की दूरी मिटाने की लेखन-कला-जैसी क्षमता भी है। आज का विचारक और साहित्यकार एक स्थान पर बैठा हुआ दूर-दूर रहनेवाले असंख्य लोगों से एक ही साथ बातें कर सकता है। सामूहिक प्रेषणीयता का इतना सशक्त साधन दूसरा नहीं है, जिसके माध्यम से एक वार्ताकार दूरस्थ व्यक्तियों से प्रत्यक्ष रूप से अपनी बातें कह सके। वार्ताकार की यह क्षमता भाषित शब्दों की शक्ति के ज्ञान पर निर्भर है। इस शक्ति का किस प्रकार उपयोग किया जाए, यह हमारे अगले अध्यायों का विवेच्य विषय होगा।

रेडियो-वार्ता और श्रोता की मानसिक दृष्टि

रेडियो सुनता हूँ!
ईथर के बाग से
स्वर और शब्द के
रंग-बिरंगे फूल चुनता हूँ।

सचमुच रेडियो सुनते समय श्रोता जब स्वरों और शब्दों के रंग-बिरंगे फूल चुनने का अनुभव करने लगता है, तभी रेडियो-कार्यक्रमों की सार्थकता सिद्ध होती है, अन्यथा वे शून्य में बिखरा दी गई निरर्थक ध्वनियों की तरह हैं। शब्दों के फूल श्रोता की मानसिक आँखों द्वारा ही देखे जा सकते हैं, और उन्हीं के द्वारा चुने भी जा सकते हैं। फलतः रेडियो-कार्यक्रमों के प्रस्तुतकर्ता का ध्यान श्रोता की मानसिक दृष्टि पर अवश्य ही रहना चाहिए। रेडियो-लेखकों को, चाहे वह नाटककार हो, कहानीकार हो, वार्ताकार हो, सदा यह स्मरण रखना है कि वह अन्धों के लिए लिख रहा है, उसे प्रत्येक क्षण अपने शब्दों की चित्र-निर्माण-शक्ति का उपयोग करना है। रेडियो-वार्ताकार में तो यह विशेषता निश्चित रूप से होनी चाहिए। रेडियो-वार्ता-लेखन के सम्बन्ध में प्रसिद्ध मनोवैज्ञानिक प्रोफ़ेसर सीरिल बर्ट कहते हैं—

> 'अपनी वार्ता लिखते समय प्रसारणकर्ता को अन्धे श्रोताओं की मानसिक दृष्टि को ध्यान में रखना चाहिए, जो कुछ भी भाव

> मात्र हो, उसे छोड़ देना चाहिए, और प्रत्येक वाक्य को एक चित्र निर्मित करना चाहिए।' बी.बी.सी. के पहले चीफ़ इंजीनियर पी. पी. एकरस्ले अपनी पुस्तक 'दि पावर बिहाइंड दि माइक्रोफ़ोन' में बड़े साफ़ शब्दों में कहते हैं कि 'मन को उबानेवाले ऐसे गद्य-पाठ बहुत कम होने चाहिए (रेडियो पर) जो घर पर सांयास लिखे-जैसे मालूम हों, और ऐसे कुशल वार्ताकारों को अधिक संख्या में आना चाहिए, जो घटनाओं और विचारों के स्पष्ट शब्दचित्र निर्मित करना जानते हों।'
>
> रेडियो के प्रसिद्ध प्रसारणकर्ता लियोनेल गैमलिन रेडियो पर प्रभावशाली ध्वनि-चित्र (Sound Picture) चाहते हैं, और बतलाते हैं कि 'रेडियो द्वारा प्रस्तुत ध्वनि-चित्र चित्रशाला के चित्रों की तरह गतिहीन नहीं होते, बल्कि बड़े गतिशील होते हैं, श्रोता के सामने एक क्षण के लिए आते हैं, और फिर विदा हो जाते हैं, श्रोता उन्हें दुबारा नहीं देख सकता; फलतः उन्हें बिलकुल स्पष्ट होना चाहिए।'

रेडियो-वार्ता के लिए चित्रात्मकता अनिवार्य है, इसमें सन्देह नहीं किया जा सकता।

प्रश्न यह है कि शब्दों द्वारा किस प्रकार चित्र-निर्माण किया जाए? चीन की एक कहावत में कहा गया है कि एक चित्र दस हज़ार शब्दों के बराबर होता है। यह उक्ति बिलकुल सत्य है, लेकिन दस हज़ार नहीं, बल्कि कुछ इने-गिने शब्दों से ही चित्र कैसे बनें, यह एक कठिन कार्य है। इसके लिए कल्पना-शक्ति की अपेक्षा है। बिना कल्पना का सहारा लिये शब्दों की शक्ति का अपेक्षित उपयोग नहीं हो सकता। लियोनेल गैमलिन तो कहते हैं कि बिना कलाकार हुए कोई भी इस कल्पना का उपयोग नहीं कर सकता। कहने की आवश्यकता नहीं कि रेडियो-वार्ताकार को भी कलाकार बनना पड़ेगा; बनना क्या पड़ेगा, कलाकार तो वह है ही। जैसे ही वह कवियों, कहानीकारों और नाटककारों की तरह अपनी वार्ता लिखने के लिए क़लम हाथ में उठाता है,

और उसके बाद अभिनेताओं की तरह माइक्रोफ़ोन के सामने स्वयं अपना अभिनय करने के लिए (दूसरों का नहीं) आता है, वह कलाकार के पद पर प्रतिष्ठित हो जाता है। यह सही है कि वह वैज्ञानिक है, डॉक्टर है, वकील है, राजनीतिक या साहित्यिक विचारक है, अर्थशास्त्री है अथवा किसी दूसरे विषय का विशेषज्ञ है, पर जहाँ वार्ता-लेखन और प्रसारण का प्रश्न आता है, वह कलाकार है, इसे अस्वीकार नहीं किया जा सकता। उसके सामने समस्या तो यह है कि वह अपने कलाकार के गौरव की रक्षा किस प्रकार करे, किस प्रकार कल्पना और शब्दों की शक्ति से काम ले, और किस प्रकार अपने श्रोताओं की मानसिक दृष्टि के सामने यथोचित सामग्री उपस्थित कर सके?

शब्दों की शक्ति अपरिमित है, यह पहले कहा जा चुका है। शब्दों से चित्र भी निर्मित हो सकता है, रूप-रंग की झाँकी भी प्रस्तुत की जा सकती है, गति की व्यंजना भी हो सकती है। इसके पहले कि हम प्रसारित वार्ताओं से इनके कुछ उदाहरण दें, यह उचित लगता है कि प्राचीन काव्य के उदाहरणों से शब्दों की चित्रात्मक शक्ति का परिचय दिया जाए। प्राचीन काव्य में यह दृश्य तत्त्व बहुत अधिक था, मुद्रण-यंत्र के आविष्कार तथा बौद्धिकता के विकास के साथ-साथ इसका ह्रास हो गया है। चित्रमयता के कुछ उदाहरण कालिदास की कृतियों से, उनके कुछ अंशों के अनुवाद के द्वारा दिये जा रहे हैं।

'मालविकाग्निमित्र' की मालविका का यह रूप-चित्र है—'बड़ी-बड़ी आँखें, कान्तिमान् शरत् के चन्द्रमा-जैसा मुख, कन्धों पर थोड़ी झुकी हुई भुजाएँ, उन्नत स्तन, मुट्ठी भर की कटि, पृथुल जाँघें और थोड़ी-थोड़ी झुकी हुई पैरों की उँगलियाँ।'

'कुमारसम्भव' की पार्वती के इस चित्र में रंगों को स्पष्ट देखा जा सकता है—'कमल के समान जिनकी आँखें हैं, सिरस के फूल से भी कोमल जिनकी भुजाएँ हैं, जिनके लाल-लाल अधरों पर मुस्कान की उज्ज्वलता ऐसी लगती है, जैसे लाल कोंपल में कोई उजला फूल रखा हो या स्वच्छ मूँगे के बीच में मोती जड़ा हुआ हो।'

महर्षि कण्व के आश्रम का यह चित्र देखिए—'कहीं वृक्षों के नीचे, सुग्गों के घोंसलों से गिरे हुए तिन्नी के दाने बिखरे पड़े हैं, कहीं इधर-उधर पड़े

हुए चिकने पत्थर बतला रहे हैं कि इन पर हिंगोट के फल कूटे गए हैं, कहीं निर्भीक खड़े हरिण इस विश्वास के साथ रथ का शब्द सुन रहे हैं कि आश्रम में इन्हें कोई छेड़ेगा नहीं, कहीं नदी-तालाबों पर आने-जाने की राहों में मुनियों के वल्कलों से टपके हुए जल की रेखाएँ बनी हुई हैं।'

गति के शब्द-चित्र के लिए वेग से दौड़ते हुए रथ का यह चित्र दर्शनीय है—'सचमुच इन अश्वों ने तो सूर्य और चन्द्र के अश्वों को भी दौड़ में पछाड़ दिया है, क्योंकि जो वस्तु दूर से पतली दिखाई देती थी, वह जल्दी ही मोटी हो जाती है, जो बीच से कटी जान पड़ती थी, वह झट ऐसी जान पड़ने लगती है मानो उसे किसी ने जोड़ दिया हो, और जो स्वभावतः टेढ़ी वस्तुएँ हैं, वे आँख को सीधी-सी दिखाई देने लगती हैं। रथ इतने वेग से दौड़ रहा है कि कोई वस्तु न दूर रह पाती है, न समीप ही'—(आकाश में तीव्र वेग से दौड़ते रथ का चित्र) 'यह रथ इतने वेग से दौड़ रहा है कि इसकी रगड़ से घने बादल पिस-पिसकर धूल बन गए हैं। इसके पहिये भी इतने वेग से घूम रहे हैं कि लगता है, मानो पहियों के अरों के बीच में और भी बहुत-से अरे बनते चले जा रहे हैं। अश्वों के सिर पर चौरियाँ इस तरह खड़ी हो गई हैं कि लगता है, ये चित्र में खिंची हुई हों, और, वेग से चलने के कारण जो पवन उठता है, उसकी झोंक से झंडी का कपड़ा अपने बाहरी छोर के और ध्वजा के डंडे के बीच में सीधा फैल गया है, तनिक भी हिलता-डुलता नहीं।'

इस प्रकार के शब्द-चित्रों का व्यवहार रेडियो-वार्ता को आकर्षक और प्रभावोत्पादक बना सकता है, इसमें सन्देह नहीं। प्राकृतिक दृश्यों, स्थानों, देशों, व्यक्तियों, यात्रा-विवरणों आदि से सम्बन्धित वार्ताओं में चित्रों का व्यवहार किया जा सकता है। उदाहरण के लिए, 'यह राजस्थान है' शीर्षक वार्ता का यह अंश उद्धृत है—

> 'यह राजस्थान है, सूरमा देश। नाम लेते ही इतिहास आँखों पर चढ़ जाता है। अफ़्रीका के रेगिस्तान सहारा का विस्तार, जितनी ही बीहड़ भूमि, उतने ही बीहड़ आदमी। आदमी कि फ़ौलाद, पिघला तो पानी, जमा तो वज्र।

छरहरा डील-डौल, नुकीली नाक, ऊँचा माथा, जिस्म से चिपकी कच्छानुमा धोती, सटी मिरजई, कसी पगड़ी। कमर से लटकती तलवार, मुट्ठी में कसा भाला। दोनों ओर सँवारी दाढ़ी, चढ़ी मूँछें, ताँबे का रंग।—बाँका राजपूत, कि देखें तो केहरी दुम दबा ले, कि चले तो गजराज राह छोड़ दे।

छरहरी काया, सुथरा रंग, 'साँचे में ढले अंग। छाती पर कसी चोली, कमर से फैला घाघरा। माथे पर प्रकाशपुंज बोरला, सिर पर आँचल, झुको तो आँचल भींग जाए, छेड़ो तो सिंहनी गरज उठे। उमा-सी पावन, केसरिया राजपूत की आन की रहस्य—राजपूतनी।'

(आकाशवाणी 'प्रसारिका', अप्रैल-जून 1956)

ये चित्र अवश्य ही आकर्षक कहे जाएँगे। पर इनके विपरीत, वार्ताओं में चित्रों के लिए अवकाश रहने पर भी साधारणत: ये वार्ताकारों द्वारा नहीं प्रस्तुत किए जाते। उदाहरणार्थ 'बदरीनाथ' शीर्षक वार्ता में वार्ताकार कहता है—

'यद्यपि वर्तमान मन्दिर तीर्थ की प्रसिद्धि के अनुरूप नहीं है और न भारत के अन्य मन्दिरों की भाँति इसमें भारतीय स्थापत्य और मूर्तिकला का वास्तविक रूप प्रकट हुआ है, तो भी इसका प्रवेश-द्वार बहुत भव्य है!'

(रेडियो-संग्रह, अक्टूबर-दिसम्बर 1953)

इस 'भव्य' शब्द के कह देने मात्र से श्रोता के मन में प्रवेश-द्वार का कैसा चित्र आएगा? ऐसा ही एक दूसरा उदाहरण लें। यह अंश 'झीलों का देश : कनाडा' वार्ता का है—

'टुरेंटो का अजायबघर हमारे अब तक के देखे हुए बड़े अजायबघरों में एक था, और उसके कुछ संग्रह तो ऐसे थे जैसे हमने अब तक कहीं के अजायबघर में न देखे थे। टुरेंटो का यह रायल औंटारिया म्यूज़ियम यूनिवर्सिटी एवेन्यू पर बना हुआ है। इस एक

अजायबघर में वास्तव में चार अजायबघर हैं। लन्दन को छोड़ यह अजायबघर ब्रिटिश राष्ट्रमंडल में सबसे बड़ा है और अपने संग्रहालय के लिए अत्यन्त विख्यात है। अजायबघर के चार भाग इस प्रकार हैं : पुरातत्त्व, खनिज शास्त्र, भूगर्भ शास्त्र और प्राणिशास्त्र। इस अजायबघर से जीवन की बृहत्ता का आभास मिलता है।'

('प्रसारिका', जुलाई-दिसम्बर 1955)

उद्धृत अंश से श्रोता के मन में अजायबघर के सम्बन्ध में क्या धारणा बनेगी? इससे क्या वह समझ पाता है कि अजायबघर कितना बड़ा है, उसमें कौन-कौन-सी ऐसी महत्त्वपूर्ण वस्तुएँ हैं, जो और कहीं नहीं हैं? वार्ताकार ने सभी बड़ी धुँधली बातें कही हैं, उसने शब्दों की चित्रात्मक शक्ति का उपयोग नहीं किया है। सीरिल बर्ट का जो विचार पहले दिया जा चुका है कि जो भाव मात्र हो, उसे छोड़ देना चाहिए और प्रत्येक वाक्य को एक चित्र निर्मित करना चाहिए, वह ऐसे ही प्रसंगों के लिए। वार्ताओं में कुछ भी धुँधला नहीं होना चाहिए। 'प्रोडक्शन एंड डाइरेक्शन ऑफ़ रेडियो प्रोग्राम्स' के लेखक जॉन एस. कार्लाइल कहते हैं—

'तथ्यों को निश्चित और प्रत्यक्ष रूप में उपस्थित कीजिए।'

प्रसिद्ध लेखक एवं वक्ता डेल कार्नेगी भी यही बात कहते हैं कि दृष्टि के लिए प्रस्तुत सामग्री को बिलकुल स्पष्ट और निश्चित रखिए।

शब्दों द्वारा निर्मित चित्रों के सम्बन्ध में यह अवश्य याद रखना है कि शब्द किसी भी वस्तु या दृश्य का हूबहू चित्र नहीं अंकित कर सकते, वे केवल चित्रों की व्यंजना कर सकते हैं। कुछ शब्दों या कुछ वाक्यों द्वारा ऐसे संकेत भर दिये जा सकते हैं, जिनसे श्रोता अपने मानस में स्वयं ही चित्र निर्मित कर ले। शब्द-संकेतों की विशेषता केवल इसी बात में है कि वे श्रोताओं की कल्पना-शक्ति को उद्‌बुद्ध कर दें, जिससे वह मानस-चित्रों का निर्माण कर सके। रेडियो को संकेतों की कला कहा जाता है। इसकी विशेषता इसकी व्यंजना

में ही है, अभिधा में नहीं। साहित्य की सबसे बड़ी शक्ति व्यंजना ही मानी जाती है। इस दृष्टि से रेडियो विचारों और भावों के प्रेषण का सबसे उचित माध्यम है। इसीलिए टेलिविज़न की तुलना में रेडियो को अनुभवी प्रसारणकर्ताओं द्वारा अधिक महत्त्वपूर्ण माना गया है। टेलिविज़न के पट पर साहित्य में अंकित दृश्यों के हूबहू चित्रण का प्रयत्न रहता है। 'दि टाइम्स' पत्र के रेडियो-समीक्षक ने एक बार लिखा था—

> 'फ़िल्मी चित्रपटों की यथातथ्यता ने स्पेन्सर के काव्य की चित्रमयता को हास्यास्पद बना दिया। घंटी का उल्लेख है, इसलिए हम लोगों को घंटी बजाने वालों को देखना ही चाहिए, रोशनी का उल्लेख है, इसलिए रोशनी वालों को सजना ही चाहिए। यह कला का निषेध है।'

कवि लुई मैकनीस कहते हैं—

> 'कवि जब कोयल के विषय में कहता है कि वही एकमात्र ऐसा पक्षी है, जिसके स्वर में इतनी सघनता है कि उसकी भी प्रतिच्छाया होती है, तब हम किसी कोयल को नहीं देखना चाहते। मैं समझता हूँ, हम लोग कुछ भी नहीं देखना चाहते, काव्यात्मक चित्र को अपना रंगमंच स्वयं अपने पास होना चाहिए।'

इन सभी बातों से यह निष्कर्ष सरलता से निकाला जा सकता है कि शब्दों के लिए चित्रों की व्यंजना कर देना ही पर्याप्त है।

श्रोताओं की मानसिक दृष्टि की तृप्ति के लिए चित्रात्मकता के अतिरिक्त भी अनेक साधन हैं। उनमें एक यह है कि अपने विचार को उदाहरणों के द्वारा व्यक्त किया जाए। गम्भीर से गम्भीर विचार भी उदाहरणों के द्वारा आकर्षक एवं सरस रूप में उपस्थित किया जा सकता है। अगर लगातार कुछ देर तक विचार ही विचार उपस्थित किए जाएँ, तो श्रोताओं को समझने में भी कठिनाई होगी, और उनका मन भी ऊब जाएगा। रेडियो के अदृश्य श्रोताओं के लिए तो यह बात विशेष रूप से सही है। इसीलिए जॉन एस. कार्लाइल रेडियो-लेखकों

से कहते हैं कि 'उदाहरणों के व्यवहार में सावधान रहिए।' जन-सामान्य से सम्पर्क रखनेवाले विचारक एवं वक्ता उदाहरणों के महत्त्व को अच्छी तरह जानते हैं। आचार्य विनोबा के 'गीता प्रवचन' में देखा जा सकता है कि दृष्टान्तों द्वारा किस प्रकार गीता के गम्भीर दर्शन को भी सहज बोधगम्य बना दिया गया है। उसी से एक छोटा-सा अंश उद्धृत है।

'सहज कर्म को ही अकर्म कहते हैं।—कर्म की सहजता को समझने के लिए हम अपने परिचय का एक उदाहरण लें। छोटा बच्चा पहले चलना सीखता है। उस समय उसे कितना कष्ट होता है! किन्तु हमें उसकी इस लीला से आनन्द होता है। हम कहते हैं, देखो, लल्ला चलने लगा। परन्तु पीछे वही चलना सहज हो जाता है। वह चलता भी रहता है और बातचीत भी करता रहता है। चलने की ओर ध्यान भी नहीं रहता। यही बात खाने के सम्बन्ध में है। हम छोटे बच्चे का अन्नप्राशन कराते हैं, मानो खाना कोई बड़ा काम हो। परन्तु पीछे वही खाना एक सहज कर्म हो जाता है। मनुष्य जब तैरना सीखता है, तो कितना कष्ट होता है। पहले दम भर आता है, पर बाद में तो उलटे जब दूसरी मेहनत से थक जाता है, तो कहता है कि चलो, ज़रा तैर आएँ, तो थकान निकल जाए। अब वह तैरना कष्टकर नहीं मालूम होता। शरीर यों ही सहज भाव से पानी पर तैरता है। श्रमित होना मन का धर्म है। मन जब कर्मों में व्यस्त रहता है, तो श्रम मालूम होता है; परन्तु कर्म जब सहज होने लगते हैं, तो फिर उनका बोझ नहीं मालूम होता। कर्म मानो अकर्म हो जाता है। कर्म आनन्दमय हो जाता है।'

एक उदाहरण एक प्रसारित वार्ता से देखिए कि उदाहरणों के व्यवहार से वार्ता किस प्रकार रोचक हो जाती है। वार्ता का नाम है 'ऐन मौक़े पर' :

> 'बुद्धि वह, चातुरी वह, प्रतिभा वह, जो ऐन मौक़े पर राह बताए, पन्थ सुझाए, काम चलाए। यों तो बुद्धि उस ख़ास जानवर में भी होती है, जो पीठ पर भारी बोझ लिये, आँखें झुकाए, कान लटकाए, लकीर पकड़े, धोबी घाट तक जैसे-तैसे पहुँच ही जाता है।

मैं मानता हूँ, वैसी बुद्धि, वैसी चातुरी, वैसी प्रतिभा सबको नहीं मिलती। यह भी मानता हूँ, एक लम्बी साधना के बाद ही बुद्धि में वैसा चमत्कार, चातुरी में वैसा पैनापन और प्रतिभा में वैसे पंख लग पाते हैं, जब आदमी एक उड़ान में पहाड़ को पार कर लेता है, एक छलाँग में समुद्र लाँघ लेता है, एक सरपट में मरुभूमि को पीछे छोड़ जाता है, जबकि दूसरे लोग साँस रोककर यह देखने को उत्सुक होते हैं कि अब वह मरा-गड़ा या जला-डूबा।

एक ताज़ा उदाहरण लीजिए। पिछली लड़ाई शुरू हुई। हिटलर ने यूरोप में कुहराम मचा दिया। वह देश पर देश विजय करता गया; ऐसा लगा, सारा संसार तानाशाही के क्रूर पंजे में आकर रहेगा। भारत में अजीब हालत थी; नाज़ीवाद के सभी दुश्मन थे, किन्तु उसके ख़िलाफ़ अंग्रेज़ों को मदद भी किस तरह दी जा सकती थी, जो हमें ग़ुलाम बनाकर रखे हुए थे। हमारे नेताओं की दिमाग़ी परेशानी देखने लायक़ थी, ख़ासकर उन नेताओं की जिनका दिमाग़ ज्ञान-विज्ञान से खचाखच भरा हुआ था। उन्हें एक तरफ़ खाई दीखती थी, दूसरी तरफ़ अग्निकुंड धधकता नज़र आता था। किसी को कुछ नहीं सूझता था, किन्तु सेनापति तो वह, जो अन्धकार में भी प्रकाश ढूँढ़ निकाले। ऐन मौके पर उसके मुँह से निःसृत हुआ—'भारत छोड़ो।' और, क्या यह सच नहीं कि यदि उसके मुँह से यह वाणी न फूटती, तो हम आज भी ग़ुलाम होते?

इतिहास की वह अमर घटना किसे याद नहीं है? नेपोलियन की सेना विजयाभियान को निकली है, सामने आल्प्स खड़ा है। सेना की, सेनानायकों की बुद्धि चक्कर में है, अब क्या हो? 'बढ़ो, आल्प्स पार करो।' 'यह तो असम्भव है।' 'असम्भव शब्द बुज़दिलों के कोष में होता है।' और, वह देखिए, वह छोटा-सा घुड़सवार अपने घोड़े को आगे फँदाता है, और लीजिए, आल्प्स पार।

> हमें यह घटना तो याद रह जाती है, किन्तु हम भूल जाते हैं कि सबकी ज़िन्दगी में आल्प्स आता है। हम उस आल्प्स को देखते हैं, सहमते हैं, डरते हैं, हिम्मत हारकर बैठ जाते हैं या उसके पार करने की विस्तृत योजनाओं में लग जाते हैं। प्राय: होता है, योजनाएँ बनती ही रह जाती हैं, आल्प्स मुस्कराता ही रह जाता है।'
>
> (रेडियो-संग्रह, अक्टूबर-दिसम्बर 1953)

दृष्टान्तों के अतिरिक्त चित्र-निर्माण का एक उपाय यह भी है कि अपने कथ्य को सामान्य के बदले विशेष के द्वारा व्यक्त किया जाए। वृक्ष सामान्य है, पर आम या नीम कहना विशेष है। सामान्य में चित्र-निर्माण की शक्ति नहीं होती, विशेष में होती है। हर्बर्ट स्पेन्सर कहते हैं—'हम लोग सामान्य के माध्यम से नहीं सोचते, बल्कि विशेष के माध्यम से सोचते हैं।' बात सही है। इस तथ्य की सत्यता से वार्ताकार सहायता ले सकता है। सामान्य के माध्यम का एक उदाहरण लें :

> 'भारतवर्ष में आध्यात्मिक प्रश्नों पर अनादि काल से विचार होता रहा है। प्रत्येक युग तथा प्रत्येक दिशा में अनेक वादों तथा अनेक दर्शनों की उत्पत्ति हुई है।'
>
> ('प्रसारिका', जुलाई-दिसम्बर 1955)

इसे विशेषों के माध्यम से भी कहा जा सकता है—'शरीर को तो हम अपनी आँखों से देखते हैं, आत्मा कहीं दिखाई नहीं पड़ती। कहीं आत्मा है भी क्या? है भी, तो क्या है? कहाँ से आती है? मृत्यु के बाद, शरीर का नाश होने पर कहाँ जाती है? क्या वह धरती पर लौटकर भी आती है? परमात्मा से उसका क्या सम्बन्ध है? माया से उसका कैसा नाता है? यह संसार क्या है, और आत्मा इससे किस तरह जुड़ती-बिछुड़ती है, ऐसे सारे आध्यात्मिक प्रश्नों पर हमारे भारतवर्ष में प्राचीन काल से ही विचार होता रहा है। विचारकों ने अपने-अपने ढंग से सोचा है, अपने-अपने वाद चलाए हैं—अद्वैतवाद है, विशिष्टाद्वैतवाद है, विज्ञानवाद है, क्षणिकतावाद है, ऐसे ही अनेक वाद हैं।'

सामान्य रूप से कहा जा सकता है कि 'गाँवों को स्वावलम्बी होना चाहिए, स्वावलम्बन पर ही उनका सुख निर्भर है।' इसी को विनोबा भावे विशेषों के द्वारा इस प्रकार कहते हैं :

> 'गाँववालों को अपने पैरों पर खड़ा होना चाहिए। यही सच्चा स्वराज्य है। गाँव में ग्रामशक्ति है। उसी से वहाँ पैसे का निर्माण होता है। गाँव की ज़रूरत की सारी चीज़ें गाँव में पैदा हो सकती हैं। गाँव में कपड़ा बन सकता है, मकान बन सकते हैं। जो थोड़ी-सी मदद बाहर से चाहिए, वह भी मिल सकती है। इस तरह बहुत सारा काम गाँव की अपनी शक्ति से होना चाहिए। हम खाते हैं, तो ख़ुद अपने हाथों से खाते हैं; दूसरों के हाथ से नहीं खा सकते। खाया हुआ अपनी ही पचनेन्द्रियों से पचाते हैं, हमारा भोजन दूसरा कोई नहीं पचा सकता। गाँव की ख़ुद की ताक़त जब बढ़ेगी, तभी गाँव में स्वराज्य आएगा—जो मरेगा, वही स्वर्ग देखेगा। स्वर्ग देखना चाहते हो, तो मरने की तैयारी करो। गाँव सुखी हो, गाँव आज़ाद हो—यह चाहते हो, तो अपनी ताक़त से काम करो।'

('त्रिवेणी' प्रवचन-संग्रह से)

इस प्रकार का एक उदाहरण और लें। 'पंचवर्षीय योजना और नारी' शीर्षक वार्ता में कहा गया है :

'पंचवर्षीय योजना के दो मुख्य उद्‌देश्य हैं—

(अ) लोगों के लिए उच्च जीवन-स्तर और
(ब) सामाजिक न्याय'

(रेडियो-संग्रह, अक्टूबर-दिसम्बर 1953)

सामान्य श्रोता इससे क्या समझेगा? उसके मन में जीवन-स्तर और सामाजिक न्याय की कैसी धारणाएँ बनेंगी? श्रोता के मन के सामने कोई चित्र उपस्थित हो सके, इसके लिए विशेषों का उपयोग करना होगा—'पंचवर्षीय

योजना का पहला उद्देश्य लोगों को सुखी बनाना है, देश में इतना धन पैदा करना है कि सबको अच्छा खाना मिले, अच्छा कपड़ा मिले, रहने को अच्छा हवादार मकान मिले। समूचे देश का हिसाब लगाकर देखा गया है कि देश का हर आदमी हर रोज़ सिर्फ़ छह नये पैसे का दूध-घी खाता है। यह औसत हिसाब है, इसमें उन लोगों का भी हिसाब है, जो रोज रुपये-आठ आने के दूध-घी खाते हैं। इसका मतलब यह कि देश में ऐसे बहुत लोग हैं, जिन्हें दूध-घी के दर्शन भी नहीं होते। पंचवर्षीय योजना के द्वारा हमें ऐसा उपाय करना है कि सबको अच्छा खाना भर पेट मिल सके। मतलब यह कि हमें लोगों की रहन-सहन का स्तर ऊँचा उठाना है।' ('सामाजिक न्याय' को भी विशेषों के माध्यम से प्रस्तुत करना होगा।)

साहित्यिक वार्ताओं में भी विशेषों की शक्ति का उपयोग किया जा सकता है। यह कहने की अपेक्षा कि 'कल्पना ही प्रतीकों का निर्माण करती है', यह कहना कि 'यह कल्पना ही है, जो हंस को आत्मा, घूँघट को माया और शरीर को चादर के रूप में उपस्थित करती है,' अधिक चित्रमय, फलतः आकर्षक होगा।

चित्रात्मकता का एक साधन तुलना भी है। वस्तुओं की तुलना के द्वारा भी चित्रात्मकता आ सकती है। इसके लिए अपनी कथ्य वस्तु की उपमा हम दूसरी वस्तु से देते हैं। काव्यों में तो इसका व्यवहार बहुत अधिक होता है। इससे काव्य का सौन्दर्य भी बढ़ता है। उदाहरणार्थ, राक्षस द्वारा हरी जाने पर उर्वशी मूर्च्छित हो गई थी, उसका सौन्दर्य मलिन पड़ गया था, लेकिन मुक्ति के बाद उसका सौन्दर्य फिर निखर आया। महाकवि कालिदास कहते हैं—

> 'लगा, जैसे वह चन्द्रमा के निकल आने पर अँधेरे से छूटी हुई
> रात हो, या रात के समय बिना धुएँवाली अग्नि की लपट हो,
> या गंगा की वह धारा हो, जो कगार के गिरने से गँदली होकर
> फिर स्वच्छ हो गई हो।'

इसी प्रकार कालिदास काले बादलों में चमकती हुई बिजली को कसौटी पर खिंची हुई स्वर्ण रेखा के रूप में चित्रित करते हैं। कबीरदास अपनी विरहिणी आत्मा की विकलता व्यंजित करने के लिए कहते हैं—

'तन-मन मोर रहँट अस डोले।'

इस तरह के अनगिनत उदाहरण उपस्थित किए जा सकते हैं। अनुभवी वक्ता इस प्रकार की तुलनाओं का व्यवहार अपने भाषणों में सदा ही किया करते हैं। कुछ उदाहरण आचार्य भावे से ही लीजिए—

'1. सारी दुनिया में विचार का प्रवाह इधर से-उधर और उधर से-इधर बहता रहता है। मानसून की तरह क्रान्तिकारक विचार भी बाहर से यहाँ आएँगे और यहाँ से बाहर जाएँगे। हवा की तरह विचार को भी किसी पासपोर्ट की ज़रूरत नहीं होती। विचार को कोई भी दीवाल नहीं रोक सकती।
2. मुक्ति का अर्थ यह है कि मानव अपने निज के जीवन को शून्य बनाए और विश्व के—समाज के—जीवन में विलीन हो जाए। जिस तरह नदी समुद्र में लीन हो जाती है, उसी तरह मानव अपनी सारी शक्ति परमेश्वर में लीन करे। हज़ार मस्तकों, हज़ार हाथों और हज़ार नेत्रों से हम विश्वरूप भगवान् की सेवा में लग जाएँ, जो हमारे सामने खड़ा है।
3. हिन्दुस्तान में जो तीन-चार बड़े सम्राट् हो गए हैं, उनमें हर्ष का नाम आता है। हर्ष के कपड़े का वर्णन आया है। वह मेरे समान एक नीचे और एक ऊपर धोती पहनता था, किसान की तरह सादगी से रहता था। राजा की यही ख़ूबी थी कि सम्पत्ति का सर्वस्व दान देते जाना। फिर से कमाना और फिर से दान देना—यह क्रिया चलती थी। सूर्यनारायण समुद्र से पानी खींच ले जाते हैं और जितना ले जाते हैं, उतना बाद में लौटा देते हैं। खारा पानी ले जाते हैं और मीठा पानी दे जाते हैं। इसी प्रकार राजा को होना चाहिए।'

('त्रिवेणी' प्रवचन-संग्रह से)

इन सभी उदाहरणों में यह देखा जा सकता है कि किस प्रकार गम्भीर बातें भी स्पष्ट होकर आँखों के सामने आ जाती हैं। हाँ, तुलना करते समय जो

सबसे बड़ी विशेषता होनी चाहिए, वह इन सभी उदाहरणों में है : अपरिचित वस्तु या विचार की स्पष्ट अभिव्यक्ति के लिए उनकी उपमा परिचित वस्तुओं से दी जानी चाहिए। अगर हम कहते हैं कि विचार हवा की तरह कहीं से कहीं आ-जा सकता है, तो अपना कथ्य स्पष्ट होता है, लेकिन अगर हम राजस्थान की धरती का विस्तार व्यंजित करने के लिए कहें—'अफ्रीका के रेगिस्तान सहारा का विस्तार', तो भारत के जिन लोगों ने सहारा को नहीं देखा है, उनके मन में राजस्थान के विस्तार का कोई स्पष्ट चित्र सामने नहीं आएगा। उपमा सदा परिचित वस्तुओं से ही दी जानी चाहिए। हाँ, प्रश्न हो सकता है—किन लोगों की परिचित वस्तुओं से? वार्ताकार की नहीं, श्रोताओं की। और, इसके लिए यह जानना अनिवार्य हो जाता है कि वह किसके लिए, किस वर्ग के श्रोताओं के लिए वार्ता प्रसारित कर रहा है। वार्ताकार को इस बात का ध्यान रखना पड़ेगा कि उसकी वार्ता बच्चों के लिए है, महिलाओं के लिए है, ग्रामीणों के लिए है या शिक्षितों एवं साहित्यिकों के लिए है। श्रोता वर्गों का प्रभाव किस प्रकार वार्ता की रचना पर पड़ता है, इसका विवेचन हम आगे यथास्थान करेंगे। यहाँ इतना ही कहना पर्याप्त है कि वार्ता जिस वर्ग के लिए है, उसकी परिचित वस्तुओं द्वारा ही उसमें चित्रमयता आनी चाहिए।

चित्रात्मकता में सबसे अधिक बाधक होती हैं संख्याएँ। बड़ी-बड़ी संख्याओं का सुनना श्रोताओं को बहुत ही अरुचिकर होता है। सभी अनुभवी प्रसारणकर्ताओं ने इस पर ज़ोर दिया है कि वार्ताओं में आँकड़ों का कम से कम व्यवहार होना चाहिए। जॉन एस. कार्लाइल साफ़ शब्दों में कहते हैं कि 'नीरस आँकड़ों को दूर रखिए।' लेकिन आँकड़ों के बिना काम तो चलनेवाला है नहीं, इसलिए उन्हें भी आकर्षक और प्रभावोत्पादक ढंग से प्रस्तुत करना वार्ताकार का कर्तव्य है। कार्लाइल के ही शब्दों में, 'बड़ी-बड़ी संख्याओं को चित्रों में परिवर्तित कर दीजिए।' उदाहरण के लिए जैसा कि जेनेट डनबर कहते हैं कि कोई वार्ताकार नगर-योजना पर बोलते समय श्रोताओं को आबादी की सघनता की झलक देना चाहता है। वह जानता है कि सामान्य श्रोता के लिए जैसे नब्बे हज़ार का कोई अर्थ नहीं है, वैसे ही पचहत्तर हज़ार का भी। लेकिन अगर वह कहे, 'इस नये नगर में हर व्यक्ति को एक अपना घर होगा, और

हर नवविवाहित दम्पती को सब सुविधाओं से सम्पन्न एक फ़्लैट', तो वह ऐसा कुछ कह रहा है, जिसे श्रोता सरलता से ग्रहण कर सके।

इस तरह का एक उदाहरण हम लोग प्रसारित वार्ताओं से लें। आकाशवाणी से प्रसारित वार्ताओं में अधिकतर नीरस आँकड़े ही प्रस्तुत किए जाते हैं। 'नवीन भारत के तीर्थ-स्थान' वार्ता से यह एक अंश है—

> 'मयूराक्षी का पानी अब प्रतिवर्ष वीरभूम, बर्दमान और मुर्शिदाबाद, इन तीन ज़िलों की 6 लाख एकड़ भूमि का अभिषेक कर रहा है और इस सिंचन से 36 लाख मन अतिरिक्त धान और चावल बंगाल को प्रतिवर्ष मिल रहा है।'
>
> (आकाशवाणी 'प्रसारिका', अप्रैल-जून 1956)

सचमुच सामान्य श्रोता के लिए छह लाख और आठ लाख में कोई अन्तर नहीं पड़ता। इसी प्रकार, जैसा 36 लाख मन, वैसा ही 40 लाख मन। इन आँकड़ों से कोई निश्चित धारणा इनके सम्बन्ध में नहीं बनती। लेकिन वार्ताकार चाहे, तो निश्चित धारणा बनाई जा सकती है 'मयूराक्षी के पानी से अब प्रति वर्ष बंगाल की धरती का लगभग पाँचवाँ हिस्सा सींचा जा रहा है—वीरभूम, मंगेशश, बर्दमान और मुर्शिदाबाद की छह लाख एकड़ धरती। उससे उपज भी बढ़ी है। बंगाल को अब प्रति वर्ष 36 लाख मन अधिक धान और चावल मिल रहा है। इस अधिक उपज़ का मतलब यह है कि बंगाल के हर आदमी को अब हर साल 28 सेर अनाज अधिक मिल रहा है। इस अनाज से कलकत्ता का हर आदमी—बच्चा, बूढ़ा और जवान, स्त्री-पुरुष—लगभग डेढ़ महीने तक रोज़ भोज खा सकता है।'

इस प्रकार शब्दों की शक्ति का उपयोग कर रेडियो-श्रोताओं की मानसिक दृष्टि के लिए पर्याप्त रोचक सामग्री उपस्थित की जा सकती है।

रेडियो-वार्ता और श्रोता की ग्रहण एवं स्मरण-शक्ति

फ़ुटबाल के मैदान में जब निश्चित समय पर एक दल नहीं उपस्थित होता, तो दूसरा दल एकतरफ़ा गोल करके अपने को विजयी समझ लेता है। रेडियो-वार्ता प्रसारण के समय श्रोता हमेशा ही वार्ताकार के सामने से अनुपस्थित रहता है, फलत: यह भय बना रहता है कि कहीं वह भी एकतरफ़ा गोल तो नहीं कर रहा है। रेडियो-कार्यक्रमों की सार्थकता उनके प्रसारण में नहीं, उनकी प्रेषणीयता में है। वार्ताकार अपनी वार्ता प्रसारित कर देता है, यहीं उसका कार्य समाप्त नहीं हो जाता, बल्कि उसे यह भी देखना है कि दूसरे छोर पर उसकी बातें केवल सुनी ही नहीं जातीं, बल्कि ग्रहण भी की जाती हैं। एक अनुभवी रेडियो-लेखक कहता है कि वार्ताकार की टेबुल पर यदि कोई ऐसा यंत्र लगाया जाए, जिसकी जलती-बुझती बत्तियाँ वार्ताकार को सूचित करती रहें कि कितने लोग उसकी वार्ता सुन रहे हैं और उन पर उसकी क्या-क्या प्रतिक्रियाएँ हो रही हैं, तो उसे अपने प्रसारण-कार्य की सफलता का कुछ ज्ञान हो। ऐसा कोई यंत्र अभी तक बना नहीं है, इसलिए वार्ताकार को प्रसारण के पहले से ही इतना सतर्क रहना है कि उसकी वार्ता उसके श्रोताओं के पास पहुँचे ही। इस पहुँचने का अर्थ यह है कि वार्ताकार जो कुछ कहे, श्रोता उसे सरलता से समझे, उसे ग्रहण करे, उससे प्रभावित हो, उससे आनन्द प्राप्त करे, और आवश्यकता समझे, तो उसे स्मृतियों के कोष में रक्षित रख सके।

जैसा पहले कहा जा चुका है, रेडियो का श्रोता निबन्ध-पाठकों से भिन्न है, उसे प्रसारित रेडियो कार्यक्रम के किसी अंश को दुबारा सुनने की सुविधा नहीं है। रेडियो से काव्य-प्रसारण के सम्बन्ध में बोनामी डोब्री कहते हैं—

> 'मुद्रित कविता पढ़ने से भिन्न, यदि आप उसे प्रसारित रूप में सुनते हैं, तो उसका अधिकाधिक अंश एक ही बार में ग्रहण करने में आपको समर्थ होना चाहिए।'

रेडियो-वार्ता के लिए भी यह बात बिलकुल सही है। श्रोता किसी वार्ता को एक ही बार सुनकर उसका अधिकाधिक अंश ग्रहण करने में समर्थ हो सके, इसका अधिक उत्तरदायित्व वार्ताकार पर है। इसके लिए सबसे पहली आवश्यकता यह है कि वार्ताकार की अभिव्यक्ति साफ़ और सुलझी हुई हो। रेडियो के सभी अनुभवी प्रसारणकर्ता इस सरल एवं स्पष्ट अभिव्यक्ति को प्रसारण की पहली शर्त मानते हैं। देखने और कहने में यह बड़ी सीधी और छोटी-सी बात है, पर व्यवहार में स्पष्ट अभिव्यक्ति बहुत ही कठिन है। प्रसिद्ध वक्ता डेल कार्नेगी कहते हैं—

> 'स्पष्टता के महत्त्व और उसकी कठिनाई को कम मत समझिए। अभी हाल ही मैंने एक आयरिश कवि को अपनी कविताएँ सुनाते हुए देखा। आधे समय तक दर्शकों का दस प्रतिशत भी यह नहीं समझ रहा था कि वह किस विषय पर बातें कर रहा है। जनता के बीच और व्यक्तिगत जीवन में भी ऐसे वार्ताकार बहुत हैं।'

अपने यहाँ की प्रसारित वार्ताओं में से ऐसे अनेक अंश उद्धृत किए जा सकते हैं, जिन्हें केवल एक बार सुनकर समझ लेना कठिन ही नहीं, असम्भव है। 'आकाशवाणी प्रसारिका' (अक्तूबर-दिसम्बर 1957) में प्रकाशित दो वार्ताओं से एक-एक अंश उद्धृत है। पहला अंश 'आचार्य वल्लभ का दरबार' शीर्षक वार्ता का है :

> 'मनुष्य के हृदय और मस्तिष्क का गौरव जब-जब साहित्य के रूपों में अभिव्यक्त हुआ है तब-तब के उस साहित्य के रूप की

जब हम आलोचना करते हैं तब हमें यही एक सत्य दृष्टिगोचर होता है कि अपने युगजीवन के रूप के भीतर रहकर ही, उन्हीं परिस्थितियों में मनुष्य ने अपनी मानवता के सीमित रूप को अनन्त बनाने का प्रयास किया है। अपने युग की पूजा-सामग्री से असीम की उपासना करके सीमित मानव अपने साहित्य के सत्प्रयास से असीम बन जाने के सत्प्रयत्न करता चला आ रहा है। वेदों के युग से आरम्भ करके ब्राह्मण, उपनिषद् तथा पुराणों के युगों की साहित्यिक साधना का दर्शन करते हुए वर्तमान युग तक पहुँचकर हम इसी सत्य का साक्षात्कार करते हैं कि प्रत्येक साहित्य में मनुष्य ने अपने युग की सामग्री के भीतर ही, अपने युग की परिस्थितियों के भीतर ही अपने अनन्त स्वरूप की साधना करने का प्रयास किया है।'

यह दूसरा अंश 'रोमांस' शीर्षक वार्ता का है :

'यूरोप के इतिहास के पृष्ठों को उलटने से यह ज्ञात होता है कि सम्पूर्ण मध्ययुग के चर्च में ग्रीसो रोमन रीति-रिवाज तथा कुलीन तंत्र के ट्यूटेनिक रीति-रिवाजों में एक विचित्र विभाजन है। दोनों प्रकार के रीति-रिवाज सभ्यता के निर्माण की ओर अग्रसर हो रहे थे, परन्तु दोनों के मार्ग भिन्न-भिन्न थे। कुलीनतंत्र वर्ग ने सभ्यता के लिए सामान्य विधि, धर्मनिरपेक्ष सरकार, वीरता, कविता और रोमांस प्रदान किया। इन अनेक देनों में रोमांस एक महत्त्वपूर्ण देन थी।'

इन दोनों उद्धरणों की बोधगम्यता के सम्बन्ध में अपनी ओर से कुछ कहने की अपेक्षा यही उचित ज्ञात होता है कि इसके साथ ही सरल एवं स्पष्ट अभिव्यक्ति के उदाहरणस्वरूप भी एक अंश उद्धृत कर दिया जाए। यह अंश 'सर्वोदय' शीर्षक वार्ता का है; यह वार्ता भी आकाशवाणी से प्रसारित हुई थी। उद्धृत अंश में यह देखा जा सकता है कि सत्य की शोध-जैसे गम्भीर विषय की व्याख्या किस प्रकार की गई है :

‘यह सर्वोदय विचार है क्या? पहली बात यह समझ लेनी चाहिए कि यह कोई वाद नहीं है, जैसे कि कई प्रकार के वाद आज प्रचलित हैं। यह एक मुक्त विचार है। महात्माजी ने स्वयं ज़ोर देकर कहा था कि उन्होंने किसी भी प्रकार के वाद की स्थापना नहीं की है। वह तो केवल सत्य की खोज में लगे रहे थे। इसी शोध में उन्हें अहिंसा अथवा सर्वोदय का विचार मिला था।

सत्य की शोध महात्माजी के साथ समाप्त हो चुकी, या जो कुछ उन्होंने ढूँढ़ निकाला, उतना ही सत्य है—सो बात भी नहीं है, और न कोई सर्वोदय विचारवाला ऐसा कहेगा। सत्य की शोध मानव-जीवन के प्रारम्भिक काल से चली आ रही है और जब तक मानव-जाति क़ायम है, वह शोध चलती रहेगी। मानव की यह सबसे बड़ी विशेषता है कि वह बराबर सत्य की खोज में लगा रहता है। यह उसका सहज स्वभाव है। जब आपका छोटा बच्चा आपसे पूछता है—‘बाबूजी, यह क्या है?’, तब वह सत्य की शोध ही कर रहा है। असत्य तो घर बैठे-बैठे गढ़ लिया जा सकता है, जैसा कि दुनिया में हर दिन होता है।’

यह अंश प्रसिद्ध सर्वोदय नेता जयप्रकाश नारायण की वार्ता का है। कहने की आवश्यकता नहीं कि जनता के सम्पर्क में रहकर उसे अपनी बातें प्रत्यक्ष रूप से समझानेवाला व्यक्ति अभिव्यक्ति में सरलता और स्पष्टता के महत्त्व को भलीभाँति जानता है, वह लोगों के सामने अस्पष्ट हो ही नहीं सकता। प्रत्यक्ष भाषणों में अस्पष्ट होने का ख़तरा कम रहता है। धुँधली और उलझी हुई बातों को सुनकर जब दर्शकों के मुँह पर हवाइयाँ उड़ने लगती हैं, तब समझदार वक्ता को अपनी दुर्बलता स्वतः ज्ञात हो जाती है। श्रोताओं की प्रत्यक्ष अनुपस्थिति के कारण रेडियो-वार्ता में अस्पष्ट होने का ख़तरा बहुत होता है, इसकी चर्चा हम पहले ही कर आए हैं। वार्ता में अस्पष्टता न रहे, इसके लिए आवश्यक है कि वार्ता की शब्दावली सीधी-सादी और सरल हो, बातों को घुमा-फिराकर न कहकर बिलकुल सीधे ढंग से कहा जाए। रेडियो

से सम्बद्ध सभी अनुभवी व्यक्ति इन बातों पर ज़ोर देते रहे हैं। जॉन एस. कार्लाइल कहते हैं—

> 'स्पष्ट और प्रत्यक्ष होइए। बड़े विचारों को आने दीजिए, पर उनके सम्बन्ध में स्पष्ट रहिए।'

वार्ता की बोधगम्यता बढ़ाने के लिए कुछ और बातों पर भी ध्यान देना आवश्यक होता है। चित्रमयता, दृष्टान्तों के उपयोग, सामान्य के समर्थन में विशेष के व्यवहार आदि की चर्चा इसके पहलेवाले अध्याय में हो चुकी है। यहाँ कुछ और बातों की ओर संकेत किया जा रहा है। अपने तथ्यों को स्पष्ट करने के लिए कभी-कभी उनकी आवृत्ति आवश्यक होती है। बातों को दुहरा देने से वे स्पष्ट हो जाती हैं। हाँ, वे बातें विभिन्न शब्दावलियों में दुहराई जाएँ, यह ज़रूरी है, अन्यथा प्रयत्न हास्यास्पद लगेगा। सफल लेखक एवं वक्ता इस बात के महत्त्व को अच्छी तरह समझते हैं। उदाहरण के लिए, 'सर्वोदय' वार्ता के ही कुछ वाक्य लें :

> 'मानव एक सामाजिक प्राणी है, और जहाँ भी वह पाया जाता है, छोटे-बड़े समूह बनाकर रहता है। मानव-जीवन समूह या समाज से अलग चल ही नहीं सकता। मनुष्य अकेला नहीं रह सकता।'

यहाँ अन्तिम दो वाक्यों में पहले वाक्य की बात को ही दूसरे-दूसरे शब्दों में दुहराया गया है। गम्भीर विषयों की व्याख्या में तो आवृत्ति की अपेक्षा और अधिक होती है।

वार्ताओं की बोधगम्यता में बहुत अधिक बाधा टेक्निकल शब्दों के व्यवहार से होती है। वार्ता सामान्यतः अपने-अपने विषय के विशेषज्ञ ही देते हैं, और अपने विषय को प्रस्तुत करते समय उनमें अपने विषय के शास्त्रीय शब्दों के व्यवहार की स्वाभाविक प्रवृत्ति होती हैं। वैज्ञानिक, अर्थशास्त्री, डॉक्टर, जीवशास्त्री, कला-विशेषज्ञ—सभी अपने विषय पर बोलते समय बहुधा ऐसे शास्त्रीय शब्दों का व्यवहार करते हैं, जो सामान्य श्रोताओं की समझ के बाहर

हैं। वार्ताकार को पहले ही यह सोच लेना है कि वह केवल अपने क्षेत्र के दूसरे विशेषज्ञों से ही बातें कर रहा है या समाज के सामान्य व्यक्तियों से; यदि वह सामान्य व्यक्तियों तक अपने विचारों को पहुँचाना चाहता है, तो उसे अपने विषय के टेक्निकल शब्दों के व्यवहार से बचना होगा, यदि कोई ऐसा शब्द आ ही जाए, तो उसे उसकी व्याख्या करनी होगी। प्रसिद्ध वैज्ञानिक जगदीशचन्द्र बोस का परिचय देते हुए एक वार्ताकार कहता है :

> 'बोस ने 35 वर्ष की आयु से ही विद्युत्-चुम्बकीय तरंगों के गुणों का अध्ययन करना प्रारम्भ किया। ये तरंगें वे ही हैं जिनसे रेडियो द्वारा ध्वनि प्रसारित की जाती हैं। उस समय इन तरंगों को उत्पन्न करने या ग्रहण करने की अच्छी रीति ज्ञात न थी। बोस ने इन तरंगों को उत्पन्न करने के लिए अत्यन्त सुविधाजनक और छोटे स्थान में आ सकने योग्य एक यंत्र बनाया, जिसमें प्लैटिनम चढ़े दो गोलों के बीच चिनगारियाँ छूटती थीं और इस प्रकार विद्युत्-तरंगें उत्पन्न होती थीं।'
>
> (आकाशवाणी 'प्रसारिका', अप्रैल-जून 1956)

इस अंश में 'विद्युत्-चुम्बकीय तरंग' एक टेक्निकल शब्द आया है। सामान्य श्रोता इसे समझ नहीं पाएगा। यह सही है कि यहाँ वार्ताकार ने उसकी व्याख्या का प्रयत्न किया है, पर यह एक पंक्ति की व्याख्या ('जिनसे रेडियो द्वारा ध्वनि प्रसारित की जाती है') अपर्याप्त है। इससे श्रोता यह समझ नहीं पाएगा कि यह ध्वनि कहाँ होती है—धरती पर या आसमान में? इसकी विशेषताएँ क्या हैं? आदि। विद्युत्-तरंगों की व्याख्या पर ही बोस की इससे सम्बन्धित खोज का महत्त्व निर्भर है। वार्ताकार उक्त स्थल पर अपने श्रोताओं को सामान्य शब्दावली में बतला सकता था कि 'आप मेरी जो आवाज़ सुन रहे हैं, वह साधारण ध्वनि-तरंग के सहारे नहीं, रेडियो-तरंगों के सहारे जा रही है। आपसे सौ गज दूर बैठे हुए आदमी की आवाज़ जितनी देर में आपके पास पहुँचेगी, उसके बहुत पहले ही मेरी आवाज़ कोसों की दूरी तय कर आपके पास पहुँच रही है। साधारण ध्वनि-तरंग पृथ्वी का चक्कर लगाने में

कम-से-कम 40 घंटे लेगी, जबकि रेडियो-तरंग एक सेकेंड में पृथ्वी के साढ़े सात चक्कर काट लेती है। इतनी तेज़ है इसकी गति। इसी को विद्युत्-तरंग भी कहते हैं। बोस ने इसके गुणों के सम्बन्ध में जो खोज की, वह बहुत ही महत्त्वपूर्ण है। आदि-आदि।'

सभी क्षेत्र के विशेषज्ञों को सामान्य श्रोताओं के लिए वार्ता प्रसारित करते समय इस बात पर ध्यान रखना चाहिए। श्रोताओं में अधिक ज्ञान का अनुमान कर लेना वार्ता की बोधगम्यता में बहुत ही बाधक होता है। श्रोता एक ही मानसिक स्तर पर नहीं होते। उनकी शिक्षा, संस्कार, ज्ञान, सभी विभिन्न स्तरों पर होते हैं। वार्ताकार को इन विभिन्नताओं पर ध्यान रखना है। उसे अपनी वार्ता को उस स्तर पर रखना है, जहाँ वह अधिकाधिक श्रोताओं के लिए बोधगम्य हो सके। ऐसा न करना वार्ताओं को असफल बनाना है। प्रो. वर्नन ने रेडियो-वार्ताओं की बोधगम्यता के सम्बन्ध में खोज की है, और वे इस निष्कर्ष पर पहुँचे हैं कि 'सबसे कम समझ में आनेवाली वार्ताएँ वही रही हैं, जिनमें वार्ताकारों ने अपने श्रोताओं में बहुत अधिक ज्ञान का अनुमान कर लिया था।' जेनेट डनबर भी यही बात कहते हैं कि 'कुछ लोग अपने श्रोताओं की मौलिक सूचनाओं को बहुत अधिक मान लेते हैं, और उनकी बातें श्रोताओं के सिर के ऊपर से ही निकल जाती हैं।' सचमुच वार्ताकार को सतर्क रहना है कि उसकी बातें श्रोताओं के सिर के ऊपर से ही न निकल जाएँ, बल्कि सिर के भीतर पहुँचे। श्रोताओं में किस प्रकार अधिक ज्ञान का अनुमान कर लिया जाता है, इसका परिचय 'बदरीनाथ' शीर्षक वार्ता के इस अंश से मिल जा सकता है। वार्ताकार मन्दिरों की चर्चा करता है—

> 'इस मन्दिर का शिखर उत्तर भारत के शिखर मन्दिरों की नागशैली का है, जिसे शुकनासा शिखर भी कहते हैं। इसके ऊपरी छोर पर एक आमलक सरीखा कलश है। अलकनन्दा की घाटी में इसी प्रकार के मन्दिर हैं, और उनका सम्बन्ध विष्णु की आराधना से है। परन्तु पास ही की मन्दाकिनी घाटी में शिव-मन्दिरों का साम्राज्य है। उन पर स्पष्ट रूप से दक्षिण की स्थापत्य कला का प्रभाव है, यद्यपि स्वयं केदारनाथ का मन्दिर यूनानी शैली

की याद दिलाता है, विशेषकर उसके अग्रभाग में बने हुए छप्पर का त्रिकोण।'

(रेडियो-संग्रह, अक्टूबर-दिसम्बर 1953)

इस उद्धरण से स्पष्ट है कि वार्ताकार ने यह मान लिया है कि श्रोता स्थापत्य कला की विभिन्न शैलियों से परिचित हैं। स्थल-स्थल पर वह विभिन्न शैलियों के परिचय के लिए संकेत देता है, पर ये संकेत बहुत संक्षिप्त और अपर्याप्त हैं। वार्ताकार यदि इनके बदले मन्दिरों के शब्द-चित्र उपस्थित करता, तो वे श्रोताओं के लिए विशेष बोधगम्य होते।

बी.बी.सी. की वार्ताओं की बोधगम्यता के सम्बन्ध में प्रो. वर्नन द्वारा की गई जिस खोज का उल्लेख पहले किया गया है, उससे इस महत्त्वपूर्ण बात का भी पता चलता है कि वार्ताओं की बोधगम्यता केवल अभिव्यक्ति की सरलता और स्पष्टता पर ही नहीं, बल्कि विषय की रोचकता पर भी निर्भर है। उक्त खोज के आधार पर कहा गया है—'रोचक वार्ता उस वार्ता की अपेक्षा सरलता से समझी जाती है, जिसे समझना वास्तव में आसान होने पर भी जिसका विषय नीरस होता है।' बात सही है। जिस विषय में मनुष्य की रुचि होती है, उसकी बोधगम्यता में दो-चार कठिन शब्द भी बाधक नहीं हो सकते। इसीलिए सभी रेडियो-कला-विशेषज्ञ वार्ता की रोचकता पर ज़ोर देते हैं। जॉन एस. कार्लाइल का कथन है—

> 'इसका निश्चय कर लो कि विषय सामान्य रुचि का है।' जेनेट डनबर कहते हैं कि 'टेलिविज़न के दृश्यत्व के साथ यदि सफलतापूर्वक प्रतिद्वन्द्विता करनी है, तो रेडियो-वार्ता को श्रोताओं का ध्यान अपनी विषय-वस्तु और अभिव्यक्ति के द्वारा आकृष्ट करना पड़ेगा।'

वार्ताकार के लिए रेडियो-वार्ता में रोचकता के महत्त्व को स्वीकार करना आवश्यक है।

विषय की रोचकता के सम्बन्ध में यह अवश्य कहा जा सकता है कि रुचि व्यक्ति-व्यक्ति के अनुसार बदलती रहती है : एक व्यक्ति की रुचि गणित

में हो सकती है, दूसरे की दर्शन में, तीसरे की साहित्य में, इसी प्रकार विभिन्न व्यक्तियों की रुचियाँ विभिन्न विषयों में। यह रुचियों के भिन्न-भिन्न धरातलों और प्रकारों की बात है; यह अपनी जगह पर सही है, इसे अस्वीकार नहीं किया जा सकता। लेकिन रुचियों का एक सामान्य धरातल भी होता है, कुछ ऐसे स्तर भी हैं, जहाँ व्यक्ति-व्यक्ति की रुचि का अन्तर मिट जाता है। उन स्तरों पर बात करके वार्ताकार अपनी वार्ता—अधिकांश श्रोताओं के लिए रोचक बना सकता है। यहाँ कुछ ऐसे स्तरों की बात की जा रही है।

मनोवैज्ञानिक मानव-मन के अध्ययन के द्वारा इस निष्कर्ष पर पहुँचे हैं कि मनुष्य की सबसे अधिक रुचि स्वयं अपने में होती है। प्रोफ़ेसर जेम्स हार्वे राबिन्सन कहते हैं कि 'जागने की घड़ियों में हम लोग हमेशा ही अपने विषय में सोचते हुए मालूम पड़ते हैं, और हम लोगों में से अधिक लोग जानते हैं कि सोते रहने पर भी हम लोग इसी प्रकार सोचते जाते हैं। हम लोगों के लिए स्वयं अपने से बढ़कर दूसरी कोई भी रोचक वस्तु नहीं है।' वार्ताकार मनोविज्ञान के इस अध्ययन से लाभ उठा सकता है। वार्ता के विषय का सम्बन्ध श्रोताओं के जीवन से होना चाहिए। श्रोता की रुचि पंचवर्षीय योजना में अन्न-उत्पादन में उतनी नहीं, जितनी इस बात में है कि उस अन्न-उत्पादन का प्रभाव स्वयं उसके और राष्ट्र के दूसरे व्यक्तियों के जीवन पर क्या पड़ेगा, नाप-तौल की नई मैट्रिक प्रणाली में उतनी रुचि नहीं, जितनी इस बात में है कि यह नई प्रणाली उसके जीवन को किस प्रकार लाभान्वित करेगी। इस प्रकार किसी भी वार्ता का सम्बन्ध श्रोताओं के जीवन से जोड़कर उसे रोचक बनाया जा सकता है। इस सम्बन्ध में जॉन एस. कार्लाइल एक उदाहरण देते हैं—

> 'स्कूल के छात्रों की दो टीमों के बीच अभी हाल ही प्रसारित एक वाद-विवाद इसका बड़ा सुन्दर दृष्टान्त प्रस्तुत करेगा। विवाद एक अन्तरराष्ट्रीय विषय पर था, जिसके लिए समसामयिक इतिहास, राजनीति आदि के विस्तृत ज्ञान की अपेक्षा थी।...कितना अच्छा होता, अगर छात्रों के स्व-शासन के गुण-दोषों पर वाद-विवाद प्रस्तुत किया गया रहता।'

सचमुच यह विषय स्कूल के छात्रों के लिए अधिक रुचिकर होता।

यहाँ आकाशवाणी से प्रसारित वार्ताओं के सम्बन्ध में यह कह देना उचित ज्ञात होता है कि उनके विषय वार्ताकार नहीं निश्चित करते, रेडियो-कार्यक्रमों की रूप-रेखा बनानेवाले वहाँ के अधिकारी ही निश्चित करते हैं। वे ही वार्ताओं के विषय निश्चित करते हैं, और उन पर बोलने के लिए वार्ताकारों को आमंत्रित करते हैं। वार्ता देने के इच्छुक व्यक्ति भी कभी-कभी अपनी रचनाएँ विचारार्थ भेजते हैं, पर चूँकि उनमें से अधिकांश रचनाएँ वार्ता नहीं होतीं, वे स्वीकृत नहीं हो पातीं। अयाचित रचनाएँ भी वार्ता की दृष्टि से सफल होने तथा आकाशवाणी की नीति अनुकूल होने पर स्वीकृत होती हैं, और हो सकती हैं, इसमें सन्देह नहीं। विषय का निश्चय चाहे रेडियो-अधिकारी करें, चाहे वार्ता देने के आकांक्षी व्यक्ति, सबका ध्यान वार्ता के रोचक पक्ष पर होना चाहिए। यह बहुत ही महत्त्वपूर्ण प्रश्न है। मैं समझता हूँ कि रेडियो-वार्ता को रोचकता की जितनी कठिन प्रतियोगिता से गुज़रना पड़ता है, उतनी और किसी भी साहित्य-रूप को नहीं। सूई की नोक जितनी दूरी पर गीत चल रहा है, नाटक हो रहे हैं, जिनकी रोचकता में सन्देह नहीं किया जा सकता। इन सबके साथ रेडियो-वार्ता की प्रतियोगिता है। श्रोता रेडियो-वार्ता सुने और सुनता रहे, सूई को गीतवाले स्टेशन पर न लगा दे, वार्ताकार को इस बात पर ध्यान देना है। इसी पर उसकी सफलता निर्भर है। और, यह विषय और अभिव्यक्ति की रोचकता के द्वारा ही हो सकता है।

रोचकता के सम्बन्ध में दूसरी बात ध्यान देने की यह है कि मनुष्य विचारों और भावों से अधिक दूसरे लोगों के जीवन में अभिरुचि रखता है। दूसरे लोगों के जीवन की कहानियों में भी आकर्षण होता है। कहानियों और उपन्यासों में जो इतनी रोचकता होती है, उसका यही रहस्य है। जिन वार्ताओं के विषय मानवीय तत्त्वों से सम्बन्ध रखेंगे, वे रोचक होंगे, इसमें सन्देह नहीं। यात्रा-विवरणों, अपने अनुभवों आदि से सम्बन्धित वार्ताओं में इस मनोवैज्ञानिक सत्य का उपयोग किया जा सकता है।

अभी तक श्रोताओं की बोध-शक्ति और वार्ता की बोधगम्यता के सम्बन्ध में विचार हुआ। अब हम श्रोताओं की स्मरण-शक्ति से सम्बन्धित प्रश्नों पर

विचार करेंगे। वार्ताकार को अपने श्रोताओं की मानसिक शक्ति का भी ध्यान रखना पड़ता है। कोई भी बात स्मृति में टिक सके, इसके लिए वे सभी बातें अपेक्षित हैं जिनकी चर्चा हम अब तक करते रहे हैं। वार्ता सरल और स्पष्ट हो, सहज बोधगम्य हो, उसमें चित्रात्मकता हो, साथ ही मन पर गहरा प्रभाव डालने की शक्ति हो। इनके अतिरिक्त भी कुछ और बातें हैं, जिन पर ध्यान देना आवश्यक है।

एक ही बार बहुत-सी बातों को सुनकर उन्हें स्मरण रखना सम्भव नहीं है। सामान्य श्रोता की मानसिक शक्ति सीमित होती है, वह एक ही साथ अनेक तथ्यों को ग्रहण नहीं कर सकता। इसलिए यह आवश्यक है कि छोटी-सी अवधि की वार्ता में बहुत-सी बातें न कही जाएँ। आकाशवाणी से प्रसारित वार्ताओं की अवधि पाँच मिनट से लेकर बीस मिनट तक की होती है; बीस मिनट वाली वार्ताएँ तो विशेष कार्यक्रमों में ही होती हैं, सामान्य वार्ता की अवधि दस मिनट रहती है। दस मिनट की वार्ता में अनेकानेक तथ्यों को रखने का प्रयत्न उचित नहीं, लेकिन होता अधिकतर यही है; पूरी वार्ता की बात तो अलग है, एक-एक अनुच्छेद में इतने तथ्यों को रखा जाता है कि श्रोता की स्मृति के पल्ले कुछ नहीं पड़ पाता। एक उदाहरण लीजिए :

> 'कंट्रोलर ऑफ़ इन्श्योरेन्स द्वारा 31 दिसम्बर, 1954 को प्रकाशित आँकड़ों के अनुसार विदेशी बीमा कम्पनियों के पास भारत के लोगों की 2 लाख 44 हज़ार पालिसियाँ चालू थीं जो 1 अरब 36 करोड 93 लाख रुपये की थीं और हर साल 7 करोड़ 45 लाख रुपया उनको प्रीमियम के रूप में अदा किया जाता है।
>
> हिन्दुस्तानी जीवन बीमा कम्पनियों की कुल जायदाद 31 दिसम्बर, 1954 को लगभग 3 अरब 1 करोड़ 33 लाख रुपये की थी और विदेशी कम्पनियों की लगभग 50 करोड़ 91 लाख रुपये की। इनमें से भारतीय बीमा कम्पनियों ने 1 अरब 64 करोड़ 90 लाख रुपया यानी 5.46 प्रतिशत रुपया सरकारी सिक्यूरिटियों में,

48 करोड़ 57 लाख रुपया यानी 16 प्रतिशत रुपया प्राइवेट कम्पनियों के हिस्सों में और 30 करोड़ 97 लाख रुपया यानी 30 प्रतिशत रुपया रहन, भूमि और मकानों आदि में लगाया हुआ है। इसी प्रकार विदेशी कम्पनियों का 30 करोड़ 64 लाख रुपया भारतीय कम्पनियों में और बाकी विदेशी सरकारों की सिक्यूरिटियों में लगा हुआ है।

जीवन बीमा का राष्ट्रीयकरण क्यों किया गया है, इस पर प्रकाश डालते हुए भूतपूर्व वित्तमंत्री श्री देशमुख ने निम्न तीन बातें बताई थीं—

1. दूसरी पाँचसाला योजना के लिए सरकार को पूँजी की सख़्त ज़रूरत है।
2. पहली पाँचसाला योजना में यह नीति बनाई गई थी कि जनता की बचत का जितना रुपया है, वह सब सरकार के अधिकार में होना चाहिए ताकि वह महफूज़ रहे और राष्ट्र के कामों में लगाया जा सके।
3. देश में समाजवादी आर्थिक ढाँचा कायम करने के लिए भी उक्त कार्रवाई ज़रूरी है।'

(आकाशवाणी 'प्रसारिका', अप्रैल-जून 1956)

कहने की आवश्यकता नहीं कि एक साथ इतने आँकड़ों और तथ्यों का आना वार्ता को निश्चित रूप से असफल बना देगा। लेकिन वार्ताकारों में ऐसा करने की प्रवृत्ति स्वभावतः होती है। वे सोचते हैं, दस ही मिनट का तो समय है, इसमें अधिक-से-अधिक सामग्री श्रोताओं को देनी चाहिए, पर ऐसा सोचना उचित नहीं। इस बात को भी याद रखना है कि बेतार के तार के दूसरे छोर पर बैठा हुआ श्रोता अपना रेडियो-सेट बन्द न कर दे या जो कुछ सुने भी, उसका कुछ अंश भी उसे याद रहे। सभी अनुभवी प्रसारणकर्ता प्रसारण-सम्बन्धी इस महत्त्वपूर्ण बात को समझते हैं, और इस पर ज़ोर देते हैं। जेनेट डनबर का कथन है—

> 'आपकी प्रवृत्ति बहुत अधिक तथ्यों को भर देने की होती है : वार्ता में इतनी सूचनाएँ भर देने की कि उसका दम घुटने-घुटने हो जाए। कुछ कहने की शिक्षा देने की अपने ज्ञान को दूसरों के साथ बाँट लेने की यह उपदेशात्मक प्रवृत्ति है। अपने में यह बड़ी अच्छी प्रवृत्ति है, लेकिन इसे कठिनतम अनुशासन चाहिए, नहीं तो इसकी प्रेरणा से ऐसा प्रसारण होता है, जो श्रोता से स्विच ऑफ़ करा देता है।'

जॉन एस. कार्लाइल कहते हैं—

> 'एक ही भाषण में बहुत-से विचारों का आना उलझन पैदा करनेवाला होता है। थोड़े से समय में आप बहुत सी बातों के बारे में अच्छी तेरह बातचीत नहीं कर सकते। अपने मिनटों और सेकेंडों में भीड़ मत लगाइए।'

और, गैमलिन के शब्दों में—

> 'बी.बी.सी. की श्रोता-अनुसन्धान-समिति को नियमित रूप से अपनी रिपोर्ट भेजनेवाले लगभग हमेशा ही यह विचार प्रकट करते हैं कि अमुक वार्ताकार ने प्रसारण के लिए निश्चित समय में बहुत अधिक बातें कहने का प्रयत्न किया।'

वार्ताकार को इन सभी अनुभवी लोगों के विचार को वार्ता लिखते समय अवश्य ही स्मरण रखना चाहिए।

जहाँ अनुभवी विद्वानों ने यह कहा कि रेडियो-वार्ता में बातों की भीड़ न लगाई जाए, कुछ ही तथ्य स्पष्ट एवं प्रभावोत्पादक ढंग से रखे जाएँ, वहाँ यह भी कहा कि वार्ता में आई मुख्य बातों को कुछ-कुछ अन्तर पर व्यक्त किया जाए। हर तथ्य के साथ उसकी पर्याप्त व्याख्या होनी चाहिए। अनेक तथ्यों को एक ही साथ गिना देना उचित नहीं है। इससे वार्ता को समझ में भी श्रोता को कठिनाई होगी और उन्हें स्मरण रखना तो असम्भव होगा ही। यहीं एक बात यह भी कह दी जाए कि वार्ता में कोई ऐसा स्थल या ऐसा

तथ्य नहीं आना चाहिए, जिसको समझने के लिए आगे या पीछे के संकेतों को फिर से देखने की ज़रूरत हो। मुद्रित सामग्री का पाठक आगे या पीछे के अंशों को आवश्यकतानुसार फिर से देख सकता है, रेडियो का श्रोता ऐसा नहीं कर सकता, इसकी चर्चा पहले हो चुकी है। रेडियो-श्रोता की इस सीमा को ध्यान में रखना आवश्यक है। उदाहरणार्थ, यदि वार्ताकार कहे कि 'अरबों ने चीन, भारत और यूनान से क्रमश: काग़ज़ और प्रेस, चिकित्सा और साहित्य तथा दर्शन और विज्ञान प्राप्त किए' तो श्रोता के लिए यह समझना कठिन होगा कि किन विषयों का सम्बन्ध किन देशों से है। पाठक इसे सरलता से समझ लेगा। वार्ताकार को देशों और विषयों को अलग-अलग करके समझाना होगा।

स्मरण-शक्ति से सबसे अधिक शत्रुता तो बड़ी-बड़ी संख्याओं से होती है। उन्हें स्मरण रखना बहुत ही कठिन होता है। प्रसिद्ध लेखक मार्क ट्वेन कहते हैं कि—

> 'संख्याएँ बहुत ही एकरस और अनाकर्षक होती हैं, और वे टिकती नहीं।'

इन्हें आकर्षक और स्मृति में टिकने योग्य बनाने के अनेक उपाय हैं, जिनके उल्लेख पहले आए हैं और कई उदाहरण भी दिये गए हैं। इनके सम्बन्ध में डनबर का यह विचार ध्यान में रखना चाहिए—'अगर आप श्रोता को आँकड़े देते हैं, तो उन्हें मापने के लिए मापदंड भी दीजिए।' पहले जैसा कहा गया है, श्रोता के लिए सत्तर लाख और नब्बे लाख में कोई अन्तर नहीं पड़ता। अगर उन्हें प्रति व्यक्ति, प्रति घंटा, प्रतिदिन आदि की छोटी इकाइयों में परिवर्तित कर दिया जाए, तो उनका महत्त्व भी ज्ञात होगा, और वे संख्याएँ याद भी रह सकेंगी।

वार्ता का रूप-संगठन भी स्मरण-शक्ति से सम्बन्ध रखता है। श्रोता वार्ता को सुनता भी जाता है, और उसे भूलता भी जाता है, यह हम देख चुके हैं। वार्ता की समाप्ति पर सामान्य श्रोता के लिए उसके प्रारम्भ और विकास के सम्बन्ध में निश्चित रूप से कुछ कह सकना सम्भव नहीं होता। वार्ता-रचना,

श्रोता की इस सीमा को देखते हुए, किस प्रकार की हो, यह एक महत्त्वपूर्ण प्रश्न है। प्रोफ़ेसर जेम्स ने कहा है—

'हमारा मस्तिष्क मुख्यतः एक सम्बद्ध करनेवाला यंत्र है।'

लेकिन इस सम्बद्ध करनेवाले यंत्र को उन्हीं वस्तुओं से अधिक सहायता मिल सकती है, जो स्वयं परस्पर सम्बद्ध हों, जिनकी कड़ियाँ एक-दूसरी से अच्छी तरह जुड़ी हुई हों। अगर हम कोई सुसंगठित कहानी सुनते हैं, तो उसे स्मरण रख पाते हैं। क्यों? जेनेट डनबर इसका उत्तर देते हैं—

> 'आप कहानी के साथ चल रहे हैं—आपने एक क्षण पहले जो सुना, उसको, इस क्षण आप जो सुन रहे हैं, इसके साथ जोड़ते हुए। जहाँ तक आपका सम्बन्ध है, यह सम्बन्ध-स्थापन ही अर्थसृष्टि करता है।'

इसके विपरीत हम कोई मनोवैज्ञानिक कहानी ले सकते हैं, जिसमें सब कुछ भाव ही भाव है, केवल चेतना प्रवाह, एक वस्तु का दूसरी वस्तु से कोई सम्बन्ध नहीं। वैसी कहानी मस्तिष्क में टिकती नहीं, उसका प्रभाव मात्र शेष रह जाता है। इसी प्रकार विचारों की अस्त-व्यस्तता पर निर्मित वार्ता स्मृति के लिए अनुपयुक्त होती है। वार्ता में विचारों का शृंखलाबद्ध रहना आवश्यक है। तर्क-सम्मत कारण-कार्य-सम्बन्धों पर आधारित वार्ता ही सफल वार्ता कही जा सकती है। डनबर के ही शब्दों में—

> 'अगर आप अपने विचारों को प्रेषणीय बनाना चाहते हैं, तो बड़ी सावधानी से उन्हें सुनिश्चित क्रम में रखिए, जिससे उन्हें पहली बार सुनने पर ही उनका केवल समझना ही आसान न हो, बल्कि याद रखना भी सम्भव हो।'

अन्त में यह कहा जा सकता है कि कोई वार्ता अपने अपेक्षित श्रोताओं के पास पहुँच सके, इसके लिए आवश्यक है कि वह सरल एवं स्पष्ट हो, उसमें बातों को घुमा-फिराकर न कहकर सीधे प्रत्यक्ष ढंग से कहा जाए, कठिन

तथ्यों को विभिन्न शब्दावलियों में व्यक्त किया जाए, टेक्निकल या शास्त्रीय शब्द बिलकुल न हों, हों भी, तो उनकी पर्याप्त व्याख्या की जाए, आँकड़ों से बचा जाए, और, उनके बिना काम न चलनेवाला हो, तो उन्हें छोटी इकाइयों में आकर्षक रूप में उपस्थित किया जाए, तथ्यों की भरमार न की जाए, और रोचकता एवं सुसम्बद्धता पर विशेष ध्यान दिया जाए। श्रोता की स्मृति को सहायता देने का एक उपाय यह भी है कि तथ्यप्रधान वार्ताओं के अन्त में वार्ता की मुख्य बातों का सारांश दे दिया जाए, जैसा अभी किया गया।

रेडियो-वार्ता और व्यक्तित्व का प्रश्न

बी.बी.सी. के कुछ प्रसिद्ध सफल रेडियो-वार्ताकारों के नाम हैं : जे. बी. प्रोस्टली, ए. जे. एलन, सी. एच. मिड्लटन, एलिस्टेयर कूक और जान हिल्टन। इनके सम्बन्ध में एल्कन एंड डोरोथियन एलन का विचार है कि इनकी सबसे बड़ी विशेषता, जो इन्हें दूसरे सामान्य वार्ताकारों से पृथक् करती है, अपने श्रोताओं और अपने बीच को दूरी को मिटाने की है। इनकी वार्ताएँ सुनते समय श्रोता यह नहीं अनुभव करते कि वार्ताकार उनसे कहीं दूर हैं। इसका कारण यही कहा जा सकता है कि इन वार्ताकारों ने रेडियो के माध्यम की सूक्ष्म अपेक्षाओं को भी बड़ी गहराई से समझा है, और उनके अनुरूप कार्य किया है। रेडियो-माध्यम की सबसे बड़ी विशेषता आत्मीयता है। सचमुच रेडियो जैसा आत्मीय माध्यम हमारे युग में दूसरा नहीं है। यहाँ आत्मीयता का व्यवहार किसी विशेष अर्थ में नहीं हो रहा है; आत्मीयता का सीधा-सा अर्थ मैत्री और स्नेह-सम्बन्ध का ही लिया जा रहा है। जब हम अपने पास बैठे दो-तीन मित्रों से बातें करने लगते हैं, हमारे बीच की दूरी मिट जाती है, हम सभी आत्मीयता का अनुभव करने लगते हैं। सफल रेडियो-प्रसारण भी इस प्रकार का अनुभव करा सकता है। इस सम्बन्ध में लियोनेल मलिन का कथन है कि 'वास्तव में, प्रत्येक प्रसारण एक आत्मीय अनुभव है, जिसमें प्रसारणकर्ता (एक व्यक्ति हो या सौ हों) और एकाकी श्रोता (अलग-अलग बैठे हुए लाखों व्यक्तियों में से एक) सहभोक्ता

होते हैं।' मैं समझता हूँ, यह बात सबसे अधिक रेडियो-वार्ता के लिए ही सही है। दूसरे माध्यमों के साथ रेडियो की तुलना करने पर इसकी सत्यता स्वत: स्पष्ट हो जाएगी।

मुद्रण-यंत्र के माध्यम से हम रेडियो की तुलना कई दृष्टियों से कर आए हैं : एक और दृष्टि से फिर देखें। लेखक को जो कुछ कहना होता है, वह लिख देता है, उसका कथ्य मुद्रित होकर पाठकों के पास पहुँचता है। इसका अर्थ यह हुआ कि लेखक अपने पाठकों के सामने प्रत्यक्ष रूप से नहीं आता, पाठक लेखक के व्यक्तित्व के प्रत्यक्ष सम्पर्क में नहीं आता। रेडियो-वार्ता में ऐसी बात नहीं होती; यहाँ वार्ताकार प्रत्यक्ष रूप से अपने श्रोताओं के सामने अपने विचार प्रकट करता है, उसका व्यक्तित्व श्रोताओं के प्रत्यक्ष सम्पर्क में रहता है। रेडियो-वार्ता के स्वरूप पर इसका क्या प्रभाव पड़ता है, या पड़ना चाहिए, इस पर विचार करने के पहले रेडियों की तुलना सामूहिक प्रेषणीयता के दूसरे उपलब्ध माध्यमों से कर लेना उचित होगा। एक माध्यम है प्लेटफार्म, यानी प्रत्यक्ष भाषण। प्रत्यक्ष भाषण में वक्ता अवश्य ही अपने दर्शकों-श्रोताओं के सम्मुख उपस्थित रहता है, पर यहाँ वह व्यक्तियों से बातें नहीं करता, समूह से बातें करता है। प्लेटफार्म से अलग-अलग व्यक्तियों से बातें करना सम्भव है ही नहीं। यहाँ एक व्यक्ति एक बड़े समूह के सम्पर्क में आता है, फलत: व्यक्ति-व्यक्ति के बीच जो आत्मीय सम्बन्ध होना चाहिए, वह नहीं होता। रेडियो-वार्ता में एक व्यक्ति दूसरे व्यक्ति से ही बातें करता है, यह दूसरी बात है कि यह दूसरा व्यक्ति अलग-अलग बैठे हुए हजारों व्यक्तियों का अंग है। यहाँ व्यक्ति-व्यक्ति के बीच होनेवाली आत्मीयता सम्भव है। सामूहिक प्रेषणीयता का तीसरा माध्यम है टेलिविज़न। टेलिविज़न में भी वक्ता अपने दर्शकों-श्रोताओं के सामने प्रत्यक्ष रूप से रहता है। यहाँ दर्शक वक्ता को अपनी आँखों के सामने चित्र में देखते रहते हैं। कहने की आवश्यकता नहीं कि चित्र में रहना ही दूरी की व्यंजना करता रहता है। फ़िल्म देखते समय हम प्रत्यक्ष ही अनुभव करते रहते हैं कि चित्र में आनेवाले व्यक्ति हमसे दूर हैं। फलत: उनसे आत्मीयता का अनुभव नहीं किया जा सकता। रेडियो-वार्ता में वक्ता की केवल आवाज़ ही श्रोताओं के पास पहुँचती है, और यदि वार्ताकार प्रतिभा-सम्पन्न एवं अपनी

कला में कुशल है, तो वह अपनी वाणी से श्रोताओं को उनके निकट ही अपनी उपस्थिति का अनुभव करा सकता है। कभी-कभी हम अपनी आँखें बन्द किए, आराम से बैठकर अपने सम्मुख उपस्थित मित्रों की बातें सुना करते हैं। वार्ताकार की सफलता श्रोताओं को ऐसा अनुभव करा देने में ही है। बी.बी.सी. के एक प्रसिद्ध प्रसारणकर्ता का नाम है मैक्लिआड। युद्ध काल में वह मध्य रात्रि का समाचार एडिनबर्ग की कुछ नर्सों के लिए प्रसारित किया करता था। इस प्रसारण के समय उसकी आवाज़, साधारण आवाज़ की अपेक्षा, काफ़ी धीमी होती थी, क्योंकि वह मरीज़ों से भरे अस्पताल में समाचार सुनाता था। उसके इस प्रसारण की काफ़ी प्रशंसा थी। वार्ताकार-श्रोता के बीच जिस आत्मीयता को अपेक्षा होती है, उसे स्थापित करने में वह सफल रहता था।

अब तक यह स्पष्ट हो गया होगा कि रेडियो का माध्यम प्रेषणीयता के सभी माध्यमों में अपना पृथक् अस्तित्व रखता है। इसकी अपनी विशेषताएँ हैं। इसमें व्यक्ति-व्यक्ति के बीच का सजीव सम्बन्ध रहता है। बेतार का तार सचमुच दो सजीव तारों को मिलानेवाला होता है। इसमें एक व्यक्ति बोलता है, ऐसा मनुष्य, जो मशीन नहीं है, ग्रामोफ़ोन का रिकॉर्ड नहीं है, टेलिविज़न या फ़िल्मों का चित्र नहीं है, बल्कि एक सजीव प्राणी है। यहीं वार्ताकार के व्यक्तित्व का प्रश्न आता है।

रेडियो-वार्ता में व्यक्ति विशेष बोलता है, इसलिए व्यक्तित्व का प्रश्न स्वाभाविक ही है। अनुभवी प्रसारणकर्ताओं ने प्रसारण में व्यक्तित्व को सबसे अधिक महत्त्व दिया है। लियोनेल गैमलिन के शब्दों में—

> 'इस सबसे नई कला की सबसे बड़ी विशेषता है—व्यक्तित्व। माइक्रोफ़ोन के माध्यम से व्यक्तित्व के कलात्मक प्रक्षेपण पर ही किसी प्रसारण की प्रभावोत्पादकता का बनना-बिगड़ना निर्भर है।'

अपनी पुस्तक 'ब्रॉडकास्टिंग' में हिल्डा मैथिसन का कथन है—

> 'प्रसारण में जिसका महत्त्व है, वह है जीवन-दृष्टि—यह प्रसारण चाहे मनोरंजन का हो, शिक्षा का हो, संगीत का हो, या और

> किसी दूसरे प्रकार के कार्यक्रम का हो। यह उन मानवीय प्राणियों के बीच आत्मीय सम्बन्ध प्रदान करती है, जो परस्पर प्रत्यक्ष सम्पर्क में कभी नहीं भी आ सकते थे; यह व्यक्तित्व के तत्त्व को बढ़ा देती है।'

इसमें सन्देह नहीं कि रेडियो-वार्ता में वार्ताकार का व्यक्तित्व बहुत ही महत्त्वपूर्ण है। पर यह व्यक्तित्व है क्या? जैसा कि डेल कार्नेगी ने कहा है—

> 'यह धुँधली और पकड़ में न आनेवाली चीज़ है, फूल की गन्ध की तरह ही यह विश्लेषण से परे हो जाती है। यह व्यक्ति की शारीरिक, आत्मिक, मानसिक, सभी विशेषताओं की समष्टि है : उसकी चारित्रिक विशेषताएँ, उसकी इच्छाएँ, उसकी प्रवृत्तियाँ, उसका स्वभाव, उसकी मानसिक दृष्टि, उसकी शक्ति, उसका अनुभव, उसका प्रशिक्षण, उसका जीवन, सब कुछ।'

सब मिलाकर व्यक्ति विशेष का व्यक्तित्व बनता है। प्रत्येक व्यक्ति का अपना व्यक्तित्व होता है, उसकी अपनी विशेषताएँ होती हैं। जैसे हर आदमी का चेहरा अपनी तरह का होता है, वैसे ही हर व्यक्ति का अपना व्यक्तित्व होता है। प्रसिद्ध चिन्तक एमर्सन ने सत्य ही कहा है, 'प्रत्येक व्यक्ति के स्वभाव की अपनी सुन्दरता होती है।' अपने दैनिक जीवन में इसका अनुभव हम करते रहते हैं : सबका अपना सोचने का ढंग है, बोलने और बातें करने का ढंग है, चलने का ढंग है। हाँ, आज के युग में ऐसे अनेक उपकरण आ गए हैं, जो व्यक्तियों की अपनी-अपनी विशेषताओं को मिटाकर उन्हें एक सामान्य साँचे में ढालने का प्रयत्न करते हैं। उन उपकरणों की विस्तृत चर्चा करना यहाँ अप्रासंगिक होगा। यहाँ इतना ही कहा जा सकता है कि आधुनिक युग में, जहाँ व्यक्तियों की विशिष्टताएँ धीरे-धीरे मिट रही हैं, वहाँ अगर हम किसी के जीवन में कोई विशिष्टता देखते हैं, तो उससे प्रभावित होते हैं। इन विशिष्टताओं का महत्त्व है। इन्हें ही हम मनुष्य की वैयक्तिकता कहते हैं। चूँकि रेडियो-वार्ता में व्यक्ति ही बोलता है, जैसा कि हम देख चुके हैं, उसमें वैयक्तिकता की अभिव्यक्ति

निश्चित रूप से होनी चाहिए। जेनेट डनबर कहते हैं, 'प्रसारण में सम्भवतः सबसे बड़ी चीज वैयक्तिकता ही है।'

रेडियो-वार्ता में वैयक्तिकता की अभिव्यक्ति इस प्रकार से हो कि श्रोता को लगे कि यह वार्ताकार कोई भी उमेश या महेश नहीं हो सकता, यह विशेष व्यक्ति है, जो अपने अनुभवों और विचारों को उसके पास पहुँचा रहा है। इसमें सोचने का अपना ढंग है, अभिव्यक्ति की अपनी शैली है, जीवन के अपने अनुभव हैं। इस दृष्टि से देखने पर ज्ञात होगा कि रेडियो-वार्ता कला और साहित्य से भिन्न नहीं है, यह भी एक विशेष प्रकार का साहित्य है। साहित्य होता क्या है? प्रसिद्ध फ्रेंच लेखक अर्नेस्ट डिम्नेट उत्तर देंगे—

> 'मैं कहता हूँ, साहित्य आत्माभिव्यक्ति है, और आत्माभिव्यक्ति वैयक्तिकता है।'

अपनी विशिष्टता को खोज निकालना, अपनी विशेष दृष्टि से किसी वस्तु को देखना और उसे अपने विशेष प्रकार से अभिव्यक्त करना हो तो साहित्य है। रेडियो-वार्ता भी साहित्य ही है, और इसकी विशेषता भी वैयक्तिकता की अभिव्यक्ति में है।

इससे निष्कर्ष निकाला जा सकता है कि मुद्रित साहित्य का लेखक जहाँ पूर्णतः वस्तुनिष्ठ हो सकता है, वहाँ रेडियो-वार्ताकार को आत्मनिष्ठ रहना पड़ेगा। यह आत्मपरकता ही उसकी विशेषता है। रेडियो का श्रोता वस्तु में उतनी रुचि नहीं रखता, जितनी वार्ताकार में। वस्तु तो उसे कहीं भी मिल जा सकती है, लेकिन वार्ताकार की जीवन-दृष्टि, जिसकी ओर हिल्डा मैथिसन ने संकेत किया है, तो वार्ताकार से ही मिल सकती है। रेडियो का श्रोता रेडियो पर केवल वही वस्तु प्राप्त करना चाहेगा, जो उसे अन्यत्र नहीं मिल सकती। वार्ताकार यदि 'झीलों के देश : कनाडा' पर वार्ता दे रहा है, तो कनाडा का भौगोलिक, ऐतिहासिक, सांस्कृतिक और राजनीतिक परिचय तो श्रोता को कुछ पुस्तकों के पन्ने उलटने पर सहज ही मिल जा सकता है। रेडियो पर इनके परिचय के प्रसारण एवं श्रवण की सार्थकता क्या है? श्रोता तो वार्ताकार से यह जानना चाहेगा कि उसने कनाडा में क्या देखा, क्या अनुभव किया। दूसरे

शब्दों में, श्रोता वार्ताकार की आँखों से कनाडा को देखना चाहेगा। यह वस्तु उसे वार्ताकार को छोड़कर और किसी से नहीं मिल सकती। इसी प्रकार यदि वार्ताकार पंचवर्षीय योजना में उद्योगों की प्रगति पर वार्ता दे रहा है, तो प्रगति का परिचय तो सरकार द्वारा प्रकाशित एवं प्रचारित विज्ञप्तियों में श्रोता सरलता से उपलब्ध कर सकता है, वह तो उद्योगों के विकास का परिचय वार्ताकार की दृष्टि से प्राप्त करना चाहेगा, यह दूसरी बात है कि वार्ताकार को यह परिचय आकाशवाणी की नीति की सीमाओं के भीतर से ही देना होगा। यहाँ जेनेट डनबर को हम फिर उद्धृत करना चाहेंगे—

> 'अच्छी वार्ता के सम्बन्ध में ध्यान देने की बात यह है कि यह तटस्थ और सीधा-सादा विवरण प्रस्तुत करना नहीं है; वार्ताकार की वैयक्तिकता अवश्य अभिव्यक्त होनी चाहिए।'

सचमुच रेडियो पर वार्ता प्रसारित करने की सार्थकता इसी बात में है। यथातथ्य घटनाओं पर आधारित आलेख-रूपकों की चर्चा करते हुए एक स्थान पर लुई मैकनीस ने कहा है कि रेडियो-रूपककार केवल कैमरामैन या रिपोर्टर नहीं है, वह इन से कुछ अधिक है, कलाकार है। यही बात रेडियो-वार्ता के सम्बन्ध में भी कही जा सकती है। रेडियो-वार्ताकार पुस्तकों से कुछ पन्ने निकालकर केवल पढ़ भर नहीं देता, इधर-उधर से संकलित सामग्री रेडियो पर केवल प्रसारित भर नहीं कर देता, वह आत्माभिव्यक्ति करता है, अपनी जीवन-दृष्टि से श्रोताओं को परिचित कराता है, साहित्यकार का काम करता है।

यह साधारण काम नहीं है। साहित्य-सृजन के लिए साहित्यकार को जिस साधना और कल्पना की अपेक्षा होती है, उससे कम अपेक्षा रेडियो-वार्ताकार को नहीं है। जैसा कि गैमलिन कहते हैं—

> 'श्रोताओं के साथ मौलिक आत्मीयता बनाए रखने के लिए कल्पना और कलात्मकता की अपेक्षा है।'

रेडियो-वार्ता में वैयक्तिकता की अभिव्यक्ति के लिए अपेक्षित साधना और श्रम की ओर वार्ताकारों का ध्यान जाना चाहिए।

यहाँ जो कुछ कहा गया, उससे यह न समझा जाए कि रेडियो-वार्ता केवल आत्मनिष्ठ ही हो सकती है, वस्तुपरक एवं तथ्य-प्रधान नहीं। इस सम्बन्ध में आगे दूसरे अध्याय में विचार किया जाएगा, यहाँ इतना ही कहना पर्याप्त होगा कि वार्ताएँ तथ्य-प्रधान भी होती हैं और हो सकती हैं, पर उनमें भी वार्ताकार के व्यक्तित्व की झाँकी तो मिलनी ही चाहिए, और किसी रूप में न हो सके, तो तथ्यों के प्रस्तुतीकरण में ही।

श्रोताओं से आत्मीयता स्थापित करने के लिए वार्ताकार के व्यक्तित्व में किन गुणों की अपेक्षा होती है, इस पर भी विचार कर लेना चाहिए। एल्कन एंड डोरोथियन एलन के अनुसार—

> 'सफल प्रसारण की मौलिक अपेक्षा है सचाई।'

इसका अर्थ यही है कि वार्ताकार अपने को बिलकुल सच्चे रूप में प्रकट करे, वह अपने श्रोताओं से दुराव न रखे। जैसा अभी पहले कहा गया है, रेडियो-वार्ताकार भी साहित्यकार है, और साहित्यकार की सबसे बड़ी विशेषता के बारे में आचार्य विनोबा भावे कहते हैं—

> 'साहित्यिकों में एक मूलभूत गुण होना चाहिए। उसके बिना कोई साहित्यिक नहीं हो सकता। वह है : सेन्सेरिटी यानी सचाई। और गुण हों या न हों, साहित्यिक को सच्चा होना ही चाहिए—वह सच्चा सत्पुरुष हो या सच्चा दुर्जन। सच्चा सत्पुरुष हो, तो सोने में सुगन्ध आ जाएगी। लेकिन दुर्जन हो, तो सच्चा दुर्जन हो। कूटनीतिज्ञ अक्सर अन्दर से एक रहते और बाहर से दूसरे दिखाई देते हैं। वे चाहें दुनिया को ठग लें, परन्तु अपने-आपको ठग नहीं सकते। इसीलिए अपने को प्रकट भी नहीं कर सकते।'

वार्ताकार को अपने को प्रकट करना है—अपने को, यानी अपने पूर्ण व्यक्तित्व को, जो कुछ वह है, जो कुछ वह सोचता है, अनुभव करता है। इसी को डनबर कहते हैं—

'मुझे लगता है, व्यक्तित्व का मूल तत्त्व है समग्रता, अपने पूर्ण अर्थ में; जो हममें वास्तव में है, उसे खोजना और उसका सबसे अच्छे रूप में उपयोग करना।'

आत्मीयता के लिए दूसरा गुण यह अपेक्षित है कि वार्ताकार के मन में अपने श्रोताओं के प्रति सद्भाव हो, स्नेह हो। जॉन एस. कार्लाइल का परामर्श है : 'अपने श्रोताओं के बारे में सोचने की आदत डालिए।' जो वार्ताकार श्रोताओं के सम्बन्ध में आत्मीयता के साथ सोचेगा, और उसे अपने शब्दों एवं वाणी द्वारा प्रकट करेगा, उसके प्रति श्रोताओं का भी आकर्षण रहेगा, इसमें सन्देह नहीं।' है दीप दीप से जलता, है प्रेम प्रेम पर निर्भर'—कवि की इन पंक्तियों में पर्याप्त सत्य है।

इनके अतिरिक्त वार्ताकार के मन में अपने श्रोताओं के प्रति आदर एवं सम्मान का भाव भी रहना आवश्यक है। वह इस प्रकार बातें करें कि श्रोताओं को अपनी हीनता का अनुभव न हो। हम जानते हैं कि कोई भी मनुष्य स्वभावत: अपने को हीन नहीं समझता, अन्धा भी अपने को अन्धा कहा जाने पर बुरा मानता है। इसीलिए पारस्परिक व्यवहार में उपदेशात्मक की प्रवृत्ति बहुत घातक समझी जाती है। जानसन ने ठीक ही कहा है—

'परामर्श का स्वागत शायद ही कभी होता है। जिन्हें सबसे अधिक इसकी आवश्यकता होती है, वे इसे सबसे कम चाहते हैं।'

सचमुच 'मैं जो जानता हूँ, आप नहीं जानते' की प्रवृत्ति रेडियो-श्रोता के मन में वार्ताकार के प्रति आत्मीयता का भाव नहीं आने देगी। रेडियो-शिल्प के सभी अनुभवी व्यक्ति इस तथ्य को स्वीकार करते हैं। गैमलिन कहते हैं कि 'यह अनुभव कि वार्ताकार हमें हीन समझकर बातें कर रहा है, श्रोता के मन में शीघ्र ही ऐसी शत्रुता को जन्म देती है, जिसका कोई उत्तर नहीं है।' उदाहरण के लिए एक वार्ता का यह पहला वाक्य देखिए—

'बच्चों के व्यक्तित्व के बारे में कुछ कहने से पहले मैं उन बहिनों के सन्देह को हटा देना चाहती हूँ, जो यह सोचती हों कि बच्चों का भी क्या कोई व्यक्तित्व होता है।'

इसका प्रभाव सुननेवाली बहनों पर क्या पड़ेगा? वे कहेंगी—'ये अपने को बहुत समझती हैं।' इससे वार्ताकार और श्रोताओं के बीच आत्मीय सम्बन्ध नहीं स्थापित हो सकता। एक दूसरी वार्ता की कुछ पंक्तियाँ देखिए—

> 'मैं इस तरह के अनेक उदाहरण दे सकता हूँ। इनके द्वारा मैं यही समझाना चाहता हूँ कि शरीर में ग्रन्थियों या और मांसपेशियों की क्रिया-प्रतिक्रिया या द्वन्द्व से ही एक प्रकार की स्थिरता पैदा होती है।'

वार्ताकार कुछ ही देर बाद फिर कहते हैं—

> 'मैं अधिक-से-अधिक आपको यह समझा सका हूँ कि जितना आप समझते हैं, जीवन उससे कहीं पेचीदा या आश्चर्यपूर्ण है।'

इसके सम्बन्ध में कुछ कहने की आवश्यकता नहीं। हाँ, वार्ताकार को इस प्रवृत्ति से बचना अवश्य है। उसे यह नहीं समझना है कि वह श्रोताओं से ऊपर, किसी उच्च आसन पर प्रतिष्ठित है। उसे अपने को श्रोताओं के सामान्य धरातल पर ही रखना है। पहले कहा जा चुका है कि वार्ताकार को अपने श्रोताओं में अधिक ज्ञान का अनुमान नहीं कर लेना चाहिए; इसका यह अर्थ नहीं कि श्रोताओं को ज्ञानहीन ही समझ लेना चाहिए। श्रोताओं के मन में वार्ताकार की वाणी से ऐसी भावना कभी नहीं आनी चाहिए कि श्रोता अपने को श्रेष्ठ समझता है। जे. बी. प्रीस्टली के सफल रेडियो-वार्ता-प्रसारण के सम्बन्ध में एक रेडियो विशेषज्ञ यही कहता है कि 'मालूम होता है, उनमें अपने श्रोताओं के प्रति आदर-भाव है, न वे उन्हें हीन समझकर ही बातें करते हैं, न उनमें बहुत अधिक ज्ञान का अनुमान ही करके।'

रेडियो-वार्ता से सम्बन्धित तीन प्रश्न

प्रश्न प्रारम्भ करने के पहले अपने आकाशवाणी के जीवन का एक अनुभव प्रस्तुत करने की इच्छा होती है। इस अनुभव का सम्बन्ध अपनी एक ऐसी ग़लती से है, जिसे मैं आकाशवाणी में रहता, तो शायद नहीं कहता। रात को 7.30 बजे एक वार्ता होनेवाली थी, विषय था : 'महान् क्रान्तिकारी चिन्तक : आइन्सटाइन। सन्ध्या के 6.30 बज गए, पर वार्ताकार ने अपना आलेख मेरे पास नहीं भेजा। मैंने वार्ताकार को फ़ोन किया, तो दूसरे छोर से आवाज़ आई—'आज दिनभर में बहुत व्यस्त रहा, वार्ता लिखने की फ़ुर्सत ही नहीं मिली। अभी वही वार्ता स्टेनो को लिखवा रहा हूँ। वार्ता का समय आधा घंटा बढ़वा दीजिए, तो बड़ी कृपा होगी। आठ बजे तक वार्ता टाइप होकर तैयार हो जाएगी।' वार्ताकार को आकाशवाणी से पहली बार वार्ता प्रसारित करनी थी, इसीलिए ऐसा कह रहे थे। मैंने कहा—'आप तो जानते हैं, यहाँ का समय बिलकुल निश्चित रहता है, एक मिनट भी इधर-उधर नहीं होता। और, यह वार्ता तो किसी तरह 7.30 बजे होनी ही है—प्रोग्राम-पत्रिका 'आकाशवाणी' में छपी हुई है।' उत्तर आया—'अच्छी बात है, मैं कोशिश करता हूँ।' टेलीफ़ोन रखकर मैं अपनी ग़लती पर पछताने लगा कि मैंने वार्ता का आलेख कुछ दिन पहले ही क्यों नहीं मँगा लिया। आलेख को समय से मँगा लेना मेरा काम था; यों वार्ता प्रसारित करने के लिए जो आमंत्रण-पत्र (जिसे अनुबन्ध-पत्र कहा

जाता है) वार्ताकारों के पास भेजा जाता है, उसमें यह प्रार्थना रहती है कि आलेख निश्चित प्रसारण-तिथि से दस दिन पहले आकाशवाणी केन्द्र में आ जाना चाहिए, पर ऐसी कृपा कम वार्ताकार करते हैं। मैंने उस दिन अपने स्टेशन के अधिकारियों से भी यह नहीं कहा था कि आज की वार्ता का आलेख अभी तक मेरे पास नहीं आया है, फलतः कार्यक्रम के प्रसारण का पूरा उत्तरदायित्त्व मेरा था। सात बजकर दस मिनट हो गए, मुझे कोई सूचना नहीं मिली। मैंने फिर फ़ोन किया, तो उत्तर मिला—'मैंने डिक्टेशन तो दे दिया है, पर वार्ता अभी टाइप नहीं हुई है, अब शुरू ही हो रही है।' मैंने कहा—'7.30 बजने में बहुत देर नहीं है, किसी तरह आपको यहाँ 7.30 बजे के पहले आ जाना है।' 'तो, जितना टाइप हुआ है, उतना लेकर मैं आता हूँ।'—वार्ताकार ने टेलीफ़ोन रख दिया। घड़ी की सुई के साथ मेरे हृदय की धड़कन बढ़ती जा रही थी। मैंने वार्ता का एनाउंसमेंट लिखकर एनाउंसर—को दे दिया, स्वयं दरवाज़े पर जाकर वार्ताकार की प्रतीक्षा करने लगा। 7 बजकर 27 मिनट, वार्ताकार का पता नहीं; 28 मिनट पर वे उपस्थित हुए। मैंने कहा—'लाइए जितनी स्क्रिप्ट है, उतनी देख लूँ।' 'स्क्रिप्ट तो बिलकुल नहीं है, अभी टाइप ही नहीं हो सकी।' मैंने घबड़ाकर पूछा—'तब कैसे होगा?' 'आप चलिए, मैं बोल दूँगा, दस मिनट का बोलना क्या है!' मेरे मुँह से निकला—'लेकिन यहाँ से बिना स्क्रिप्ट के कोई वार्ता नहीं प्रसारित होती, कहीं कुछ गड़बड़ हो जाए!' 'आप मुझ पर विश्वास रखिए, मैंने 14 वर्षों तक कॉलेज में पढ़ाया है, बोलने ही का तो पेशा है।' वार्ताकार ने कहा। मेरी आँखों के सामने अभी एक महीने पहले वार्ता प्रसारित करनेवाले एक सज्जन की तस्वीर नाच गई। वे भी कॉलेज में प्राध्यापक हैं, दस-बारह वर्षों से पढ़ा रहे हैं; अपनी लिखित वार्ता प्रसारित करने लगे तो भय से उनकी आवाज़ लड़खड़ा रही थी, अपनी बड़ी-सी वार्ता भी उन्होंने समय से दो मिनट पहले ही ख़त्म कर दी थी। लेकिन यहाँ मुझे सोचने का समय नहीं था, मैं उन्हें स्टूडियो की तरफ़ ले चला। रास्ते में कहता गया—'याद रखिएगा कि आपकी वार्ता का प्रभाव मुझ पर भी पड़ सकता है।' मैंने उन्हें स्टूडियो में माइक्रोफ़ोन के सामने बैठा दिया और बतला दिया कि सामने की लाल बत्ती जलने पर वे वार्ता प्रारम्भ करेंगे। 7.30 बजे दूसरे

स्टूडियो से एनाउंसर ने कहा—'यह आकाशवाणी पटना है। महान् क्रान्तिकारी चिन्तक—इस वार्ताक्रम में आज...आइन्सटाइन के सम्बन्ध में एक वार्ता प्रसारित कर रहे हैं। श्री...।' मेरा हृदय धड़क रहा था—'कहीं कुछ गड़बड़ी न हो जाए। कहीं यह बोलते-बोलते एकाएक बीच में ही न रुक जाए। कहीं आकाशवाणी की नीति के विरुद्ध कोई विवादास्पद बात न कह दे। मुझे इसे बोलने नहीं देना चाहिए था।' पर वार्ताकार को लाल बत्ती मिल चुकी थी, उन्होंने बोलना शुरू कर दिया था—बिलकुल स्वाभाविक वार्ता, सीधी-सादी भाषा, नपे-तुले वाक्य, सन्तुलित विचार। मैं तो दंग रह गया। दूसरे दिन लोगों ने कहा—'बहुत दिनों के बाद अच्छी वार्ता सुनने को मिली।' मैं सोचता हूँ, क्या वह वार्ता इसीलिए सफल हो सकी कि वार्ताकार के पास वार्ता का आलेख नहीं था? रेडियो-वार्ता सम्बन्धी यही पहला प्रश्न है—क्या यह आवश्यक है कि वार्ता लिखी जाए, उसका लिखित आलेख हो?

वार्ता तो बातचीत है, वार्ताकार की मौखिक अभिव्यक्ति; वार्ताकार वार्ता प्रसारित करते समय आलेख सामने रखकर भी श्रोताओं को यही आभास देना चाहता है कि वह कोई लिखित रचना पढ़ नहीं रहा है, बल्कि अपने श्रोताओं से बातें कर रहा है। ऐसी स्थिति में वार्ता लिखने की क्या आवश्यकता है? लिखित वार्ता का परिणाम भी तो अच्छा नहीं होता; उसमें मौखिक वार्ता की स्वाभाविकता नहीं आ पाती है, वार्ता कृत्रिम हो जाती है। इसीलिए पी.पी. एकरस्ले कहते हैं—

> 'मैं सामान्य नियम बनाकर पांडुलिपि से वार्ता-पाठ का निषेध कर दूँगा। यह नियम कुछ शिक्षित सामाजिक सभाओं के परिसंवादों में चलता है और इससे लोग लाभान्वित होते हैं। नोट्स की सहायता तब तक लेने दी जाएगी, जब तक वे विचारों को क्रमबद्ध रखने में सहायक हों, और प्रेरणा और सहजता की हत्या न करें।'

एल्कन एंड डोरोथियन एलन का कथन है—

> 'हाउस ऑफ़ कामन्स का यह नियम कि लिखित भाषण न दिये जाएँ, केवल नोट्स से सहायता ली जाए, कुछ शिक्षित संस्थाओं

> द्वारा माना जाता है, और बी.बी.सी. द्वारा भी इसका अनुकरण स्वच्छन्दता से किया जा सकता है। यद्यपि वार्ताएँ हमेशा निश्चित समय-योजना में अच्छी तरह नहीं बैठ सकेंगी, और कुछ अधिकारियों को भी धड़कते हुए हृदय से उन्हें सुनता रहना पड़ेगा कि वार्ताकार बी.बी.सी. की नीति के विरुद्ध न कुछ कह दें, पर इससे लाभ बहुत अधिक होगा। रेडियो को उसका एक बड़ा उपहार वापस मिल जाएगा, श्रोताओं को कार्यरत मस्तिष्क की अभिव्यक्ति सुनने का अवसर मिलेगा, और प्रसारणकर्ता अपनी सबसे बड़ी बाधा, आलेख से मुक्ति पा जाएगा।'

बिना आलेख के सफल वार्ता प्रसारित करनेवाले व्यक्तियों में प्रेसीडेंट रूज़वेल्ट की पत्नी एलिनर रूज़वेल्ट का नाम आता है, जिनके सम्बन्ध में जेनेट डनबर कहते हैं—

> 'मैत्रीपूर्ण अनौपचारिक, ध्वनि-ज्ञान से भरी उनकी वार्ता केवल अपनी विषय-वस्तु की दृष्टि से ही नहीं, प्रसारण-शैली की दृष्टि से भी प्रशंसनीय थी। उसका एक निश्चित रूप होता था। वे व्यक्तिगत चर्चा से प्रारम्भ करतीं, अपना कथ्य शुरू करतीं, उसका विकास करतीं, एक निश्चित विचार देकर उसे समेटतीं, और स्वाभाविक समाप्ति पर आ जातीं।'
>
> इसी प्रसंग में वे आगे कहते हैं—'उनकी वार्ता का एक स्थापत्य होता, एक निश्चित संगठन; प्रत्येक विचार अपने पूर्ववर्त्ती विचार में से तर्कसंगत रूप में निकलता। उनके शब्द घिसे-पिटे न होने पर भी सरल होते।'

यह सही है कि बिना आलेख के प्रसारित वार्ता में स्वाभाविकता और अकृत्रिमता रहेगी, पर प्रश्न है कि ऐसे कुशल वार्ताकार कितने मिलेंगे? जिनकी लिखित वार्ता में ही कोई स्थापत्य नहीं होता, उनकी मौखिक वार्ता की क्या दशा होगी? उनकी वार्ता में सब कुछ बिखरा-बिखरा-सा रहेगा, उसमें कोई निश्चित

प्रभाव डालने की शक्ति नहीं रहेगी। एलिनर रूज़वेल्ट-जैसे नामों को अपवाद में ही गिनना चाहिए। जिस वार्ताकार की चर्चा शुरू में की गई है, वे भी, मैं समझता हूँ, इसीलिए सफल हो सके कि वे अपनी वार्ता अपने स्टेनो को लिखवाकर आए थे, फलतः उन्हें अपनी विषय-वस्तु के क्रमिक विकास का ज्ञान था।

दूसरी बात यह भी है कि मौखिक रूप से वार्ता देने में वार्ताकार पर्याप्त सुनियोजित सामग्री भी नहीं दे सकेगा। बड़े-बड़े भाषणों को सुनते समय हम यह अनुभव करते हैं कि इसमें आवृत्तियाँ अधिक हैं, अप्रासंगिक बातें बहुत हैं। सामान्य वार्ताकारों की अलिखित वार्ता में भी यही बातें मिलेंगी।

तीसरी कठिनाई अवधि-सम्बन्धी है। रेडियो के कार्यक्रम निश्चित समय के बन्धनों में बँधे रहते हैं। वार्ताकार के लिए सचमुच यह कठिन समस्या है कि निश्चित अवधि में अपनी वार्ता किस प्रकार समाप्त करे। यह तभी सम्भव हो सकता है, जब वार्ता की सभी बातें निश्चित अनुपात में रहें। इसके लिए जिस मानसिक अनुशासन एवं सन्तुलन की अपेक्षा है, उसे अर्जित करना सरल काम नहीं है, सभी ऐसा नहीं कर सकते।

चौथा प्रश्न प्रसारण-संस्था की नीति का है। प्रत्येक प्रसारण-संस्था की अपनी नीति होती है, अपनी सीमाएँ होती हैं। आकाशवाणी के साथ भी यही बात है। मौखिक वार्ता में यह ख़तरा हमेशा बना रहेगा कि वार्ताकार कहीं ऐसी बातें न कह दे, जिन्हें हम नहीं चाहते।

और, सबसे बड़ा ख़तरा तो वार्ताकार की घबड़ाहट और भय का है। बहुत ऐसे व्यक्ति हैं, जिन्हें माइक्रोफ़ोन के सामने घबड़ाहट का अनुभव होने लगता है। मैंने स्वयं ऐसे लोगों को देखा है, जिन्हें स्टूडियो में बोलते-बोलते पसीना हो आया है। ऐसे व्यक्तियों से मौखिक वार्ता कराने का अर्थ है उनके सम्मान और अपने कार्यक्रम को ख़तरे में डालना।

इन सभी बातों को देखते हुए वार्ता के लिए आलेख की आवश्यकता को सहज ही समझा जा सकता है। डनबर-जैसे प्रसारणकर्ता एवं विशेषज्ञ आलेख को आवश्यक मानते हैं।

अब हम दूसरे प्रश्न पर आएँ। आकाशवाणी-केन्द्रों से बहुधा यह सुना जाता है—'अभी...की लिखी हुई वार्ता पढ़कर सुनाई गई।' तात्पर्य यह कि

वार्ता का लेखक एक व्यक्ति, और उसे पढ़ने वाला दूसरा व्यक्ति, जो या तो कोई एनाउंसर होता है या रेडियो स्टेशन का कोई कलाकार। विचारणीय यह है कि क्या एक व्यक्ति की वार्ता को दूसरे किसी से पढ़वा देना उचित है?

पहले हम यह देख लें कि ऐसा होता क्यों है? पहला कारण तो यह है कि वार्ताकार किसी आकस्मिक घटना या अस्वस्थता के कारण समय पर उपस्थित नहीं हो पाता। दूसरा कारण यह होता है कि आकाशवाणी के अधिकारी किसी वार्ता को महत्त्वपूर्ण समझते हैं, और उसे विभिन्न केन्द्रों से स्थानीय एनाउंसरों द्वारा पुनः प्रसारित कराते हैं। अंग्रेज़ी वार्ताओं के अनुवाद भी बहुधा उसी प्रकार प्रसारित कराए जाते हैं। तीसरा कारण हो सकता है—वार्ताकार की शारीरिक अक्षमता। हो सकता है, कोई विशेषज्ञ बोलने में असमर्थ हो अथवा उसकी बोली में हकलाहट आदि के दोष हों।

अब मूल प्रश्न पर विचार किया जाए। जैसा अब तक बार-बार कहा गया है, वार्ता लिखित होती हुई भी मौखिक समझी जाती है। वार्ताकार की सफलता इसी बात में है कि वह श्रोताओं को अपनी लिखित रचना का आभास भी न मिलने दे। अत: जब हम सुनते हैं—'अभी यह वार्ता पढ़कर सुनाई गई', तो हमें लगता है, जैसे वार्ता-प्रसारण की कला के मूल पर ही आघात किया जा रहा है।

एनाउंसर की यह सूचना कि 'वार्ता पढ़ी जा रही है,' हमें स्पष्ट सूचित कर देती है कि वार्ता का आलेख भी है, और इससे वार्ता का आकर्षण कम हो जाता है। किसी सभा में वक्ता को अपना लिखित भाषण पढ़ते देखकर या नोट्स के सहारे बोलते देखकर हमारे मन में क्या प्रतिक्रिया होती है? डेल कार्नेगी इसे प्रश्नों में अभिव्यक्त करते हैं—

> 'क्या नोट्स भाषण में आपका आकर्षण पचास प्रतिशत कम नहीं कर देते? वक्ता और श्रोता के बीच जो आत्मीय और मूल्यवान् सम्बन्ध रहना चाहिए, क्या वे उसे रोक नहीं लेते अथवा उसका बना रहना कठिन नहीं कर देते? क्या वे कृत्रिमता का वातावरण नहीं उत्पन्न करते? क्या वे दर्शकों को यह अनुभव होने से नहीं रोकते कि वक्ता के पास जो विश्वास और शक्ति चाहिए, वह उसके पास है?'

ठीक यही बातें लिखित वार्ता के पाठ के सम्बन्ध में कही जा सकती हैं।

यह जानकर कि वार्ता लिखित है, मन में यह भाव भी आता है कि वार्ता अच्छी होगी, तो 'सारंग', 'प्रसारिका' या किसी पत्र में ही, छपेगी, और उसे वहीं पढ़ लिया जाएगा। यह भाव भी वार्ता के आकर्षण को कम ही करता है।

इस सम्बन्ध में सबसे महत्त्वपूर्ण बात यह कही जाएगी कि रेडियो-वार्ता, जैसा कि हम पहले देख चुके हैं, कोई तटस्थ वस्तुनिष्ठ कृति नहीं है कि उसका पाठ कोई भी कर दे। उसका सम्बन्ध वार्ताकार के व्यक्तित्व से होता है। एक व्यक्ति की वार्ता जब दूसरा व्यक्ति पढ़ता है, तो हम वार्ताकार के व्यक्तित्व के प्रत्यक्ष सम्पर्क में आने से वंचित रह जाते हैं। इस सम्बन्ध में एक रेडियो-विशेषज्ञ ने प्रसिद्ध डेनिश फ़िल्म डाइरेक्टर कार्ल ड्रेयर की एक वार्ता का बड़ा मनोरंजक उदाहरण प्रस्तुत किया है। कार्ल ड्रेयर ने अपने उद्देश्यों के सम्बन्ध में बी.बी.सी. के लिए एक वार्ता लिखी। एक एनाउंसर ने उसे पढ़कर सुनाना शुरू किया, जो थोड़ा-बहुत आकर्षक रहा। अन्तिम कुछ मिनटों के लिए ड्रेयर ने अपनी वार्ता ख़ुद पढ़ी। एनाउंसर और उसके पढ़ने में आश्चर्यजनक अन्तर रहा। वार्ता सजीव हो उठी, लगा कि उसके पीछे एक व्यक्तित्व आ गया, जो अपने विचारों को सोचता है, और उन्हें अभिव्यक्त करता है। ड्रेयर की अंग्रेज़ी टूटी-फूटी थी, कहीं-कहीं उसका समझना भी कठिन था, फिर भी वार्ता में अद्भुत आकर्षण आ गया। इस उदाहरण से स्पष्ट हो जाता है कि रेडियो-वार्ता में महत्त्व स्वयं वार्ता का नहीं, उसके वार्ताकार के व्यक्तित्व का होता है। यहीं एक बात और कह दी जाए। कुछ लोग कहते हैं कि हमारे यहाँ कि वार्ताएँ इसलिए नीरस होती हैं कि वार्ताकार उन्हें आकर्षक ढंग से पढ़ते नहीं, इसलिए उन्हें एनाउंसरों, कलाकारों के सुसंस्कृत स्वरों से पढ़वाना चाहिए। यह कहना उचित नहीं। ड्रेयर के उदाहरण से ही यह स्पष्ट है कि वार्ता में स्वर और भाषा का उतना महत्त्व नहीं, जितना व्यक्तित्व का है। हमारे यहाँ की वार्ता की नीरसता का कारण यह है कि यहाँ व्यक्तित्व के पक्ष पर ध्यान दिया ही नहीं जाता। वार्ता की नीरसता के दूसरे कारणों की चर्चा हम पहले अध्याय में कर आए हैं।

अब तीसरा प्रश्न। कहा जाता है, एक व्यक्ति जो वार्ता अकेले प्रसारित करता है, वह नीरस होती है, इसलिए कई व्यक्तियों के सहयोग से वार्ता को आकर्षक रूप में प्रस्तुत करना चाहिए। एक व्यक्ति की वार्ता को हम प्रत्यक्ष वार्ता कह सकते हैं। अंग्रेज़ी में इसे 'स्ट्रेट टॉक' (Straight Talk) कहते हैं। अनेक व्यक्तियों के सहयोग से प्रसारित वार्ता को भेंट-वार्ता (Interview), परिसंवाद (Symposium) आदि कहते हैं। भेंट-वार्ता में प्रश्नकर्ता वार्ताकार से प्रश्न पूछता जाता है, और वार्ताकार प्रश्नों के उत्तर देता है। परिसंवाद में कई व्यक्ति एक ही विषय पर अपने विचार प्रकट करते हैं। प्रश्न यह है कि रेडियो-माध्यम के लिए उपयुक्त क्या है : प्रत्यक्ष वार्ता या भेंट-वार्ता अथवा परिसंवाद?

इस सम्बन्ध में स्मरण रखने की बात यह है कि रेडियो सामूहिक प्रेषणीयता का साधन है—प्रत्यक्ष साधन, जिसका परिचय हम पहले दे चुके हैं। इसके माध्यम से एक व्यक्ति अपने से दूर रहनेवाले हज़ारों श्रोताओं से प्रत्यक्ष सम्पर्क स्थापित कर सकता है। रेडियो माध्यम की सबसे बड़ी देन यही है। इसमें वक्ता-श्रोता का प्रत्यक्ष सम्बन्ध रहता है। लेकिन इसके विपरीत अप्रत्यक्ष वार्ताओं (भेंट-वार्ता आदि) में वार्ताकार एवं श्रोताओं का प्रत्यक्ष सम्बन्ध खंडित हो जाता है, इनमें वार्ताकार एवं श्रोताओं के बीच में कई अन्य व्यक्ति आ जाते हैं, इनमें वार्ताकार अपने श्रोताओं से सीधे कुछ नहीं कहता, बल्कि प्रश्नकर्ताओं के माध्यम से कहता है। इस दृष्टि से लगता है कि रेडियो-माध्यम के लिए यदि सबसे उपयुक्त साहित्य-रूप कोई है, तो वह प्रत्यक्ष रेडियो-वार्ता ही।

रेडियो-वार्ता-लेखन की तैयारी

प्रसिद्ध वक्ता वुड्रो विल्सन से किसी ने पूछा—'आप अपने 10 मिनट के भाषण की तैयारी कितने समय में करते हैं?' विल्सन ने कहा—'दो सप्ताह।' प्रश्नकर्ता का प्रश्न हुआ—'और, एक घंटे के भाषण की तैयारी में कितना समय लगाते हैं?' उत्तर मिला—'एक सप्ताह।' प्रश्नकर्ता की जिज्ञासा शान्त नहीं हुई, उन्होंने फिर पूछा—'दो घंटे के भाषण के लिए आपको कितना समय चाहिए?' 'उसके लिए तो मैं हर समय तैयार रहता हूँ।' विल्सन का उत्तर था। ये उत्तर मज़ाक़-जैसे लग सकते हैं, पर हैं नहीं। गम्भीरता से सोचने पर ज्ञात होगा कि कम अवधि में अपने कथ्य को अभिव्यक्त कर देना सचमुच ही बहुत कठिन काम है। बड़े भाषणों में अनावश्यक विस्तार एवं आवृत्तियों के लिए अवकाश हो सकता है, छोटे भाषणों में नहीं। इसीलिए कम अवधि के भाषणों के लिए पर्याप्त तैयारी की आवश्यकता होती है। रेडियो-वार्ताओं की अवधि भी सीमित ही होती है—पाँच मिनट से लेकर बीस मिनट तक, अधिक वार्ताओं की अवधि दस मिनट होती है। एक दस मिनट की वार्ता लिखना शुरू करने के पहले वार्ताकार को काफ़ी तैयारी की अपेक्षा होती है। इस तैयारी का क्या तात्पर्य है, इसकी व्याख्या हम बाद में करेंगे; पहले विषय के सम्बन्ध में विचार कर लिया जाए। जिन व्यक्तियों को विषय विशेष पर वार्ता देने के लिए आकाशवाणी द्वारा आमंत्रित किया जाता है, उनकी तैयारी तो उसके बाद

ही शुरू होती है, उन्हें विषय के लिए चिन्ता करने की ज़रूरत नहीं पड़ती। लेकिन जो व्यक्ति आमंत्रित नहीं किए जाते, फिर भी यह अनुभव करते हैं कि उनमें रेडियो-वार्ता के लेखन एवं प्रसारण की क्षमता है, उनकी तैयारी विषय के चुनाव से ही शुरू होती है।

प्रश्न यह है कि रेडियो-वार्ता के लिए कैसे विषय अधिक उपयुक्त होते हैं? आकाशवाणी से समय-समय पर प्रसारित कुछ वार्ताओं के विषय देखे जाएँ—'भारत की पुरानी राजनीति', 'कला में नैतिकता-अनैतिकता का प्रश्न', 'दो चीनी यात्री', 'महायान में विज्ञानवाद', 'कश्मीर का सौन्दर्य', 'महात्माजी के संस्मरण', 'पुस्तकें जिनसे मैंने सीखा', 'खाद की उपयोगिता', 'जापानी खेती के तीन तरीक़े', 'विदेश यात्रा के मेरे अनुभव।' इन्हें देखकर यह अनुमान लगाया जा सकता है कि दुनिया का कोई भी ऐसा विषय नहीं है, जिस पर वार्ता न प्रसारित की जा सके, पर ऐसा अनुमान करते समय आकाशवाणी के भूतपूर्व डायरेक्टर ऑफ़ प्रोग्राम्स सोमनाथ चिब का यह कथन स्मरण रखना चाहिए कि 'जिन विषयों पर (आकाशवाणी के) वार्ताकार लिखना सरल समझते हैं, वे वार्ता को अपेक्षा निबन्ध-लेखन के अधिक उपयुक्त प्रकार के होते हैं।' सचमुच जो विषय ऊपर दिये गए हैं, वे सभी रेडियो-वार्ता के उपयुक्त नहीं कहे जा सकते। अब तक जो विवेचन हो चुका है, उससे स्पष्ट है कि रेडियो वैयक्तिकता की अभिव्यक्ति का सबसे सुन्दर माध्यम है। फलत: जिन विषयों में वैयक्तिकता की अभिव्यक्ति अधिक-से-अधिक हो सके, जिनमें आत्मिक अनुभवों एवं आत्मपरकता को व्यक्त करने के लिए अधिक अवकाश रहे, वे अन्यान्य विषयों की अपेक्षा निश्चय ही रेडियो के अधिक उपयुक्त कहे जाएँगे। वार्ताकार के पास यदि कुछ ऐसे अनुभव हैं, जो सबके लिए रुचिकर हो सकते हैं, यात्रा के ऐसे संस्मरण हों, जिनमें उसने स्थान-विशेष के सौन्दर्य को अपनी आँखों से देखा हो, वहाँ के लोगों की रहन-सहन का अपनी दृष्टि से अध्ययन किया हो; ऐसे विषय हों, जिन पर उसने अपनी दृष्टि से विचार किया हो, तो उन्हें वह अपनी वार्ता का विषय बना सकता है। व्यक्तिगत दृष्टिवाली वार्ताएँ अधिक लोगों को अपनी ओर आकृष्ट कर सकेंगी, इसमें सन्देह नहीं। जेनेट डनबर ने ठीक ही कहा है—

> 'सच्ची व्यक्तिगत वार्ता अधिक श्रोताओं को रुचिकर होती है, क्योंकि वह आत्मनिष्ठ होकर दी जाती है, और उसमें वैयक्तिक रंग अधिक रहता है।'

वस्तुनिष्ठ और आत्मनिष्ठ, इन दोनों प्रकार की वार्ताओं में किसमें अधिक रोचकता होती है, इसकी झलक दो वार्ताओं के कुछ प्रारम्भिक वाक्यों से मिल जा सकती है। पहली वार्ता का शीर्षक है 'कवि-सम्मेलन और मुशायरे,' जिसमें वार्ताकार तटस्थ भाव से प्रारम्भ करता है—

> 'छापेख़ाने ने करोड़ों आदमियों के लिए यह मुमकिन बना दिया है कि नस्त्र और नज़्म तनहाई में चुपचाप पढ़ते रहें, लेकिन अदब का एक ख़ास असर उस वक़्त भी पड़ता है, जब कई लोग, जिनकी तादाद सैकड़ों से लेकर हज़ारों तक पहुँच जाती है, एक जगह आकर मिल बैठें और अदब को बजाय चुपचाप अकेले पढ़ने के अदीब के मुँह से उसे सुनें। इस तरह पूरे मज़मे में एक फ़िज़ा पैदा हो जाती है और एक समाँ बँध जाता है! इसीलिए हमारी समाजी ज़िन्दगी में अदबी कल्चर को फैलाने और सँवारने में मुशायरों और कवि-सम्मेलनों का बहुत बड़ा हिस्सा रहा है।'
>
> (रेडियो-संग्रह, अक्टूबर-दिसम्बर 1953)

दूसरी वार्ता का शीर्षक है 'कवि-सम्मेलनों के कड़ुए मीठे अनुभव', जिसमें एक लब्धप्रतिष्ठ कवि प्रारम्भ करता है—

> 'मैंने प्राय: 1932-33 से कवि-सम्मेलनों में भाग लेना शुरू किया। इन पच्चीस वर्षों में छोटे-बड़े मिलाकर कोई 500 कवि-सम्मेलनों में तो भाग ले चुका हूँगा। और इनमें मुझे तरह-तरह के अनुभव हुए—सुखद, दुःखद, मनोरंजक और विचित्र भी। कुछ आपके सामने रख रहा हूँ।' (इसके बाद अनुभव प्रारम्भ होते हैं)
>
> (आकाशवाणी 'प्रसारिका', अक्टूबर-दिसम्बर 1957)

कहने की आवश्यकता नहीं कि ऐसी अनुभववाली वार्ताओं में वार्ताकार का व्यक्तित्व भी महत्त्वपूर्ण होना चाहिए, जिसमें श्रोताओं की रुचि हो।

इन बातों से यह न समझा जाए कि तथ्यप्रधान सूचनात्मक एवं शिक्षात्मक वार्ताओं का कोई महत्त्व ही नहीं है; अपने स्थान पर उनका भी महत्त्व है। बहुत-से ऐसे विषय हैं, जिनकी केवल सूचनाओं में भी श्रोताओं की रुचि होती है। ऐसा नहीं होता, तो रेडियो से कोई समाचार क्यों सुनता? रूस ने जब अन्तरिक्ष में अपना रॉकेट छोड़ा, तो लोगों में उसके प्रति काफ़ी अभिरुचि थी, लोग जानना चाहते थे कि पृथ्वी की आकर्षण-शक्ति की सीमा के बाहर रूसी रॉकेट कैसे जा सका? दूसरे ग्रहों पर पहुँचने की क्या सम्भावनाएँ हैं? ऐसे अनेक तथ्यप्रधान विषय हैं, जिनमें श्रोताओं की दिलचस्पी हो सकती है। ग्रामीण श्रोता यह जानना चाह सकते हैं कि खेतों की उपज किस प्रकार बढ़ सकती है, जापानी तरीक़ा क्या है, उससे क्या लाभ हो सकते हैं। ऐसे तथ्यप्रधान सूचनात्मक विषय भी रेडियो-वार्ता के लिए चुने जा सकते हैं।

वार्ता के विषय का चुनाव करते समय वार्ताकार को एक और महत्त्वपूर्ण बात पर ध्यान रखना पड़ता है वह किसके लिए वार्ता प्रसारित करने की सोच रहा है? कौन-सा वर्ग उसकी वार्ता सुनेगा? उसकी वार्ता सामान्य शिक्षित व्यक्तियों के लिए होगी अथवा अशिक्षित ग्रामीण श्रोताओं के लिए? महिला श्रोताओं के लिए या बच्चों के लिए? स्कूल के छात्रों के लिए या कॉलेज के युवकों के लिए? इन सभी वर्गों की अपनी-अपनी विशेषताएँ होती हैं, इनकी अपनी-अपनी अभिरुचि होती है। एक ही वार्ता सभी वर्गों के लिए नहीं हो सकती। 'कला में नैतिकता-अनैतिकता के प्रश्न' पर कोई वार्ता ग्रामीण श्रोताओं के लिए नहीं प्रसारित की जा सकती। इसी प्रकार 'विज्ञानवाद' पर कोई वार्ता न बच्चों के कार्यक्रम में जा सकती है, न स्कूलों के ही। विषय का चुनाव श्रोता वर्ग के मनोविज्ञान, अभिरुचि आदि के आधार पर ही हो सकता है। वार्ताकार को सोचना पड़ेगा कि वह जिस वर्ग के लिए वार्ता देना चाहता है, उसकी रुचि किन विषयों में हो सकती है। उदाहरण के लिए, महिला श्रोताओं की रुचि विशेषत: अपनी घर-गृहस्थी, परिवार, दैनिक उपयोग के कामों आदि में होती है। इसी प्रकार बच्चों की रुचि भी देखी जा सकती है। उनकी रुचि किन विषयों में होती है? डनबर कहते हैं—

> 'मैं समझता हूँ, उनकी रुचि लोगों और पशुओं के विषय में होती है। वे वस्तुओं का वर्णन तब तक नहीं सुनना चाहते, जब तक उनका घनिष्ठ सम्बन्ध लोगों और पशुओं से न हो। इसके साथ ही वे व्यक्तिगत साहसिक कार्यों, अपनी पसन्द की वस्तुओं और व्यावहारिक उपयोगवाले विज्ञान-सम्बन्धी सभी विषयों को चाहते हैं।'

वार्ताकार को इन सभी बातों का ध्यान रखना पड़ता है।

आकाशवाणी के किसी केन्द्र के लिए वार्ता लिखते समय वार्ताकार को आकाशवाणी की सीमाओं से भी परिचित रहना आवश्यक है। सभी प्रसारण केन्द्रों की अपनी नीतिगत सीमाएँ होती हैं, आकाशवाणी की भी हैं। आकाशवाणी में राजनीतिक, धार्मिक आदि विवादास्पद विषयों के लिए स्थान नहीं है। इससे प्रसारित होनेवाली वार्ता के किसी भी ऐसे अंश से बचना होता है, जिसमें किसी व्यक्ति, सम्प्रदाय, धर्म, संस्था, मत आदि पर किसी भी प्रकार से आक्षेप किया गया हो।

विषय निश्चित हो जाने के बाद ही वार्ता-लेखन की तैयारी शुरू होती है। इस दिशा में पहला काम है सामग्री संकलन। वार्ताकार के पास अपनी वार्ता के लिए पर्याप्त सामग्री का रहना अत्यावश्यक है। उसके अभाव में सफल वार्ता की कल्पना भी नहीं की जा सकती। यह सही है कि रेडियो-वार्ता की सीमित अवधि में बहुत अधिक सामग्री प्रस्तुत नहीं की जा सकती, रेडियो-वार्ताकार से उसकी अपेक्षा भी नहीं की जा सकती, पर उससे जो अपेक्षा की जाती है, वह सामग्री की सम्पन्नता पर ही निर्भर है। जब हाथ में पर्याप्त सामग्री रहे, तभी उसमें से अपने उपयोग के तथ्य चुने जा सकते हैं, और उनके आधार पर अपना दृष्टिकोण निश्चित किया जा सकता है। इसीलिए सभी रेडियो-शिल्प-विशेषज्ञ अधिक सामग्री जुटाने पर ज़ोर देते हैं। जिन व्यक्तियों को रेडियो-वार्ता देने के लिए आमंत्रित किया जाता है, वे सामान्यत: अपने विषय के विशेषज्ञ होते हैं; उनके पास सामग्री की कमी नहीं रहती। लेकिन जो विशेषज्ञ नहीं हैं, उन्हें पुस्तक आदि की शरण लेनी पड़ती है।

तथ्यप्रधान वार्ताओं में विभिन्न दृष्टिकोणों से सामग्री का संकलन अपेक्षित है। विभिन्न विद्वान् विषय-विशेष के सम्बन्ध में क्या विचार रखते हैं, यह जानना भी उचित है। तथ्य बिलकुल प्रामाणिक हों, जिससे श्रोताओं को उनमें किसी प्रकार के सन्देह के लिए अवकाश न रहे। वार्ता में यदि उद्धरण दिये जाएँ, तो वे भी पूर्णतः शुद्ध और प्रामाणिक हों। रेडियो-वार्ताओं में इन बातों पर विशेष ध्यान होता है।

तथ्य-संग्रह वार्ता-लेखन की दिशा में केवल एक क़दम है, वास्तविक तैयारी तो इसके बाद शुरू होती है। यह पहले कहा जा चुका है कि रेडियो-श्रोता केवल तथ्य और आँकड़े नहीं चाहता, वह अपने वार्ताकार से इनसे कुछ अधिक चाहता है, वह कुछ ऐसी वस्तु चाहता है, जो उसे कहीं भी लिखित रूप में उपलब्ध न हो सके। वह लेखक का दृष्टिकोण चाहता है, वह वार्ताकार का व्यक्तित्व चाहता है, और इसे ढूँढ़ने और देने का प्रयत्न करना ही वास्तविक तैयारी है। इसके लिए चिन्तन-मनन की आवश्यकता होती है। सफल रेडियो-वार्ताकारों के अध्ययन के आधार पर जेनेट डनबर कहते हैं कि—

> 'उनमें दो बातें बहुत ही स्पष्ट रूप में दिखाई पड़ती हैं। उनमें वह अव्याख्येय वैयक्तिक गुण प्रचुर मात्रा में रहता है, जिसे हम व्यक्तित्व कहते हैं। लेकिन उनमें इससे कुछ अधिक भी होता है। यदि आप उनकी वार्ताओं को आलोचक की तरह सुनें, तो आप पाएँगे कि उन्होंने अपने आलेख की रूप-रेखा के बारे में सोचने में काफ़ी सावधानी बरती है।'

यही सोचना वास्तविक तैयारी है। डेल कार्नेगी भाषण की तैयारी के सम्बन्ध में लिखते हैं—

> 'तैयारी का अर्थ है—सोचना, चिन्तन करना, जो विचार आपको सबसे अधिक आकृष्ट करते हैं, उनका चुनाव करना, उन्हें चमकाना, उन्हें एक निश्चित योजना में रखना।'

इसके बिना कोई भी वार्ता चाहे वह किसी भी प्रकार की क्यों न हो, सफल नहीं हो सकती। प्रसिद्ध वक्ताओं के अनुभव इसकी सत्यता को सिद्ध करते हैं। प्रत्यक्ष भाषणों के लिए भी इस प्रकार की तैयारी की आवश्यकता होती है, रेडियो-वार्ताओं के लिए भी।

प्रसिद्ध वक्ता वुड्रो विल्सन का ही उदाहरण लिया जाए। भाषण तैयार करने की अपनी प्रक्रिया के सम्बन्ध में वे कहते हैं—

> 'मैं कुछ ऐसी बातों की सूची से शुरू करता हूँ, जिन्हें मैं अपने भाषण में रखना चाहता हूँ; उन्हें उनके पारस्परिक स्वाभाविक सम्बन्धों को देखते हुए अपने मन में सजाता हूँ, यानी मैं वस्तु की अस्थियों को एक साथ संगठित करता हूँ।'

एक दूसरे वक्ता अलेक्जेंडर हेमिल्टन का अनुभव भी देखा जा सकता है, वे कहते हैं—

> 'लोग मुझे प्रतिभावान् होने का श्रेय देते हैं, लेकिन मुझमें जो प्रतिभा है, वह इस बात में है : जब मेरे पास कोई विषय होता है, तो मैं उसका ख़ूब अध्ययन करता हूँ। दिन-रात वह मेरे सामने रहता है। मैं उसके सभी पहलुओं को खोजता हूँ। मेरा मस्तिष्क उससे छा जाता है।'

इस प्रकार के चिन्तन की अपेक्षा इसलिए होती है कि श्रोताओं के मन पर अपेक्षित प्रभाव पड़ सके, और वार्ताकार अपने प्रयोजन को सिद्ध कर सके। जैसा कि डेल कार्नेगी ने कहा है—

> 'प्रत्येक भाषण एक यात्रा है, जिसका एक उद्‌देश्य होता है, और जिसका रास्ता पहले से ही निश्चित कर लेना चाहिए।'

रेडियो-वार्ता के सम्बन्ध में भी यह बात बिलकुल सही है। प्रत्येक रेडियो-वार्ता का एक प्रयोजन होता है, और उसकी सिद्धि के लिए उसकी एक निश्चित रूप-रेखा होनी चाहिए।

पहले हम प्रयोजन की ही बात लें। कुछ वार्ताएँ अपने श्रोताओं का केवल मनोरंजन करना चाहती हैं, कुछ अपने श्रोताओं को अपने तथ्यों से प्रभावित करना चाहती हैं, कुछ किसी कठिन विषय की व्याख्या से अपने श्रोताओं को परिचित कराना चाहती हैं, कुछ श्रोताओं को किसी कार्य के लिए सक्रिय करना चाहती हैं। उदाहरण के लिए, यदि वार्ताकार 'गप लड़ाना भी एक कला है' विषय पर वार्ता दे रहा है, तो उसका एकमात्र उद्देश्य श्रोताओं का मनोरंजन करना है; यदि वह पंचवर्षीय योजनाओं में कृषि के विकास पर वार्ता दे रहा है, तो वह श्रोताओं को योजना में हुई प्रगति से प्रभावित करना चाहता है; यदि वह विज्ञानवाद पर बोल रहा है, तो वह एक कठिन विषय को लोगों को समझाना चाहता है; यदि वह जापानी खेती के तरीक़े की उपयोगिता पर वार्ता दे रहा है, तो वह चाहता है कि श्रोता इस दिशा में सक्रिय बने, इस तरीक़े को अपनाए। कई उद्देश्य एक-दूसरे से परस्पर सम्बद्ध भी हो सकते हैं। वार्ताकार को अपने उद्देश्य से परिचित रहना आवश्यक है, क्योंकि उसी के अनुसार उसकी वार्ता की रूप-रेखा बनेगी।

वार्ता की रूप-रेखा किस प्रकार बने, इसके लिए जॉन एस. कार्लाइल वार्ताकारों को परामर्श देते हैं—

'आप अपने से चार प्रश्न पूछिए और उनके स्पष्ट उत्तर दीजिए—

1. मेरे भाषण का कथ्य क्या है?
2. अपने भाषण से मैं अपने श्रोताओं में ठीक कौन-से भाव जगाना चाहता हूँ?
3. मैं अपने भाषण से श्रोताओं को किस दिशा में सक्रिय करना चाहता हूँ?
4. जो सामग्री मेरे पास है, उससे मैं किस प्रकार ऐसा करूँगा? इनके उत्तर ही आपके भाषण की रूप-रेखा होंगे।'

वार्ताकार अपने उद्देश्य एवं कथ्य से परिचित होकर जब चिन्तन-मनन के बाद यह निश्चित कर लेता है कि उसकी विषय-वस्तु का किस प्रकार क्रमिक विकास हो, किन सामग्रियों का उपयोग किया जाए, और किन्हें छोड़ दिया

जाए, किन आँकड़ों एवं दृष्टान्तों से वार्ता को स्पष्ट, रोचक एवं प्रभावोत्पादक बनाया जाए, वार्ता में उसका दृष्टिकोण क्या रहे, तब उसकी तैयारी लगभग पूरी हो जाती है।

रेडियो-वार्ता : प्रारम्भ, मध्य और अन्त

रेडियो-वार्ता की तैयारी के बाद वार्ता-सम्बन्धी सबसे प्रधान कार्य प्रारम्भ होता है—रेडियो-वार्ता-लेखन का। और, इस प्रक्रिया में वार्ताकार के सामने सबसे महत्त्वपूर्ण प्रश्न यह आता है कि वह अपनी वार्ता का प्रारम्भ किस प्रकार और किस प्रसंग से करे। वक्तृत्व कला में भाषण के प्रारम्भ को बड़ा महत्त्वपूर्ण माना जाता है। सभी अनुभवी वक्ता इस बात पर ज़ोर देते हैं कि भाषण का आरम्भ बहुत आकर्षक और रोचक होना चाहिए। रेडियो-वार्ता पर यह बात विशेष रूप से लागू है। सफल रेडियो-वार्ता को अपनी दो-चार प्रारम्भिक पंक्तियों से ही श्रोताओं का ध्यान अपनी ओर आकृष्ट कर लेना चाहिए, इस सम्बन्ध में सभी कुशल रेडियो-प्रसारणकर्ता एकमत हैं। इसके कारण की चर्चा पहले की जा चुकी है कि रेडियो-वार्ता को रोचकता की बड़ी तीव्र प्रतियोगिता में काम करना होता है। नाटक, गीत आदि रोचक विषयों के साथ रेडियो-वार्ता को भी अपनी रोचकता सिद्ध करनी होती है। यह सही है कि वार्ता की रोचकता श्रोताओं की रुचि पर भी निर्भर है, पर जब तक वार्ता की अभिव्यक्ति में रोचकता नहीं आती, तब तक कोई भी रेडियो-वार्ता सफल नहीं कही जा सकती।

प्रश्न यह है कि आकर्षण और रोचकता की सृष्टि कैसे की जाए, और वार्ता के प्रारम्भ को कैसे प्रभावशाली बनाया जाए? इस सम्बन्ध में ध्यान देने की सबसे पहली बात यह है कि रेडियो-वार्ता में भूमिका के लिए अवकाश नहीं

है। भूमिकात्मक प्रारम्भ किसी वार्ता को निश्चित रूप से असफल बना देता है। निबन्धों के प्रारम्भ में जिस प्रकार भूमिकाएँ लिखी जाती हैं, उस प्रकार वार्ता में नहीं लिखी जा सकतीं। पर हमारे यहाँ की रेडियो-वार्ताएँ निबन्ध की शैली से प्रभावित होने के कारण अधिकतर भूमिकाओं से ही प्रारम्भ होती हैं। कहीं-कहीं तो ये भूमिकाएँ बहुत बड़ी और लम्बी होती हैं, और वार्ता के मूल विषय से उनका विशेष सम्बन्ध भी नहीं होता। उदाहरण के लिए कुछ वार्ताओं के प्रारम्भ देखे जा सकते हैं। 'पुराणों में प्रतीक' शीर्षक वार्ता का प्रारम्भ इस प्रकार है—

> 'भारतवर्ष का पुराण साहित्य एक अत्यन्त अद्‌भुत और रहस्यमय साहित्य है। इसके सम्बन्ध में विद्वानों की अनेक विरुद्ध धारणाएँ हैं। सभी धारणाओं की पुष्टि के लिए पुराणों में प्रमाण मिल जाते हैं। एक ओर तो स्वामी दयानन्द सरस्वती-जैसे पंडितों का यह मत है कि पुराण कपोल-कल्पित, मनगढ़ंत, अनैतिहासिक, झूठी और बहुधा अश्लील कहानियों के संग्रह हैं। पाश्चात्य विद्वानों के मत में भी पुराणों में केवल असभ्य और मानव-जाति के शैशव काल के समय में प्रचलित धार्मिक काल्पनिक कहानियाँ हैं। प्राय: सभी देशों में इस प्रकार की कहानियाँ प्रचलित हैं, और वे प्राचीन काल से चली आती हैं। इन कहानियों का आधार आदिम मनुष्यों की सृष्टि, ईश्वर और परलोक आदि सम्बन्धी स्थूल विचार हैं। (15 मिनट की वार्ता में लगभग चार मिनट तक पुराणों की चर्चा करने के बाद वार्ताकार आगे कहता है।) संस्कृत भाषा में दो शब्द, जो एक ही धातु से निकले हैं, भिन्न अर्थों में प्रयुक्त किए गए हैं। एक है प्रतिमा और दूसरा है प्रतीक। (फिर कुछ देर के बाद) ऐसा जान पड़ता है कि पुराणों में वर्णित सभी देवी-देवता, उनके रूप और वस्त्राभूषण और उनके कार्य प्रतीक मात्र हैं।'
>
> (रेडियो-संग्रह, अक्टूबर-दिसम्बर 1953)

एक दूसरी वार्ता 'स्त्रियों के कार्य-क्षेत्र : पत्रकारिता' का प्रारम्भिक अंश इस प्रकार है—

'भारत में स्वाधीनता-आन्दोलन के कारण स्त्रियों में भारी जागृति आई। लेकिन अभी तक उनकी सामान्य स्थिति पिछड़ी हुई है। सरोजिनी नायडू, विजयलक्ष्मी पंडित, राजकुमारी अमृतकौर आदि अपवाद हैं। हमारे देश में स्त्रियों को क़ानूनी हक़ मिले हैं, लेकिन उनकी शिक्षा आदि का स्तर अभी बहुत असन्तोषजनक है। प्रगति अवश्य तेज़ी से हो रही है, और हमें आशा है कि शीघ्र ही भारत में भी स्त्रियों की उन्नति वेग से होने लगेगी।

स्त्रियों के लिए शिक्षा, चिकित्सा आदि के क्षेत्र विशेष रूप से उपयुक्त हैं। परन्तु पत्रकारिता एक ऐसा क्षेत्र है, जो आसानी से अपनाया जा सकता है, क्योंकि इसमें पौरुष की आवश्यकता कम है। नैतिक साहस में तो स्त्रियाँ किसी प्रकार भी पुरुषों से पीछे नहीं हैं। पत्रकारिता में स्त्रियों को सफलता भी काफ़ी मिली है।'

('प्रसारिका', जुलाई-दिसम्बर 1955)

इस तरह के सैकड़ों उदाहरण दिये जा सकते हैं। रेडियो-वार्ता में इस प्रकार के भूमिकात्मक प्रारम्भ की अनुपयुक्तता का एक कारण यह भी है कि रेडियो-वार्ता की अवधि सीमित होती है। अगर कोई वार्ता 10 मिनट की है, तो उसे प्रसारण के समय कभी भी 11 मिनट का समय नहीं दिया जा सकता। उसे 10 मिनट के भीतर ही समाप्त होना है। पत्र-पत्रिकाओं में मुद्रित निबन्धों के लिए इतना कठिन बन्धन नहीं होता। अत: रेडियो-वार्ता में भूमिका देने का अर्थ है समय का दुरुपयोग। वार्ताकार को अपनी सीमित अवधि का अधिकाधिक उपयोग करना है, और इसके लिए उसे भूमिका में अपना बहुमूल्य समय नष्ट नहीं करना चाहिए। समय का यह प्रश्न श्रोताओं की दृष्टि से भी महत्त्व रखता है। आज हम सभी गति के युग में हैं; प्रारम्भिक युगों में लोगों के जीवन में जो अवकाश था, वह आधुनिक युग के जीवन में नहीं रह गया है। समय की चिन्ता सबको लगी रहती है। ऐसी स्थिति में श्रोता भी चाहता है कि वार्ताकार लम्बी-चौड़ी भूमिका न बाँधे, बल्कि उसे जो कुछ कहना है, उसे वह जल्दी और बिलकुल सीधे ढंग से कहे। 'पब्लिक स्पीकिंग फॉर बिज़िनेस मेन' पुस्तक

के लेखक सिडनी एफ. विक्स ने बहुत ठीक कहा है कि 'भाषण लिखने में, कोई रचना लिखने की तरह ही, हम लोग पीछे मुड़कर साधारणतः पहले पैराग्राफ़ को निकाल दे सकते हैं। आप जहाँ अपनी भूमिका का अन्त समझते हैं, वहीं से प्रारम्भ कीजिए।' सचमुच अपने विषय में सहसा प्रवेश कर जाना कितना आकर्षक होता है, यह 'सर्वोदय' शीर्षक वार्ता की पहले उद्धृत की गई पंक्तियों में फिर से देखा जा सकता है—

> 'यह सर्वोदय विचार है क्या? पहली बात यह समझ लेनी चाहिए कि यह कोई वाद नहीं है, जैसे कि कई प्रकार के वाद आज प्रचलित हैं। यह एक मुक्त विचार है। महात्माजी ने स्वयं ज़ोर देकर कहा था कि उन्होंने किसी भी प्रकार के वाद की स्थापना नहीं की है। वह तो केवल सत्य की खोज में लगे रहे थे। इसी शोध में उन्हें अहिंसा अथवा सर्वोदय का विचार मिला था।'

भूमिकात्मक प्रारम्भ को निकाल देने से कुछ वार्ताएँ किस प्रकार आकर्षक हो जा सकती हैं, इसके अनेक उदाहरण दिये जा सकते हैं। एक उदाहरण यहाँ 'प्रेमचन्द की जय' शीर्षक वार्ता का है—

> 'अनन्तदानी प्रेमचन्द की जय। सचमुच वे अनन्तदानी थे। बिना कुछ पास हुए भी दिये ही गए और इस निरन्तर दान में कहीं भी उस अप्राप्ति की रुक्षता या कड़वाहट नहीं। सचाई यह है कि प्रेमचन्द अपने समय के बहुत बड़े कलाकार थे, पर उससे भी बड़े मनुष्य थे। समाज की उस उपेक्षा में भी दिये जाना और अपने को कटुता से बचाए रखना किसी साधारण मनुष्य के लिए सम्भव ही नहीं था।
>
> उनकी आँखें बुराइयों की सघन सपाट दीवार के आर-पार मनुष्य में देवत्व का दर्शन करने की आदी थीं। एक दिन मैंने उनसे पूछा—'कहने को तो आप कहते हैं कि मेरा ईश्वर में विश्वास नहीं है; मैं नास्तिक हूँ; पर अपने साहित्य में बार-बार आपका

प्रयत्न है मनुष्य में देवत्व का दर्शन, प्रचार और उभार। भला यह क्या बात है?'

अपने खास लहज़े में वे बोले—'ज़नाब! ईश्वर में विश्वास करने की ज़रूरत ही उन्हें पड़ती है जो आदमी में देवत्व का दर्शन नहीं कर सकते। यह तो अनुभव की बात है, किसी चमत्कार की नहीं कि बुरा आदमी भी बिलकुल बुरा नहीं होता। उसमें कहीं-न-कहीं देवत्व अवश्य छिपा रहता है। मैंने अपनी क़लम से इस सत्य को कहीं-कहीं उभार दिया है, और कहीं-कहीं प्रकाशित कर दिया है।

प्रेमचन्द जी अपने इसी मूल दृष्टिकोण के कारण बुरे आदमियों की भी बुराई नहीं करते थे, या यूँ कहूँ कि बुरे आदमियों की बुराई को सह जाते थे, पी जाते थे, पचा जाते थे।'

('प्रसारिका', जुलाई-दिसम्बर 1955)

अगर यह वार्ता यहीं से प्रारम्भ होती कि 'एक दिन मैंने प्रेमचन्द जी से पूछा...' और शुरू में कही गई बातें कहीं बाद में आ जातीं, तो प्रारम्भ शायद कुछ और आकर्षक हो जाता। महान् व्यक्तियों के संस्मरणों में जो आकर्षण होता है, वह उनकी जीवन-चर्चा में नहीं, उनके गुणों के सम्बन्ध में लिखे गए निबन्धों में भी नहीं। अत: किसी रोचक संस्मरण से वार्ता का प्रारम्भ कर उसमें श्रोताओं की रुचि उत्पन्न की जा सकती है। वार्ता के प्रारम्भ का उद्‌देश्य यही होता है कि उससे श्रोताओं के मन में वार्ता के अगले अंशों के प्रति रुचि एवं जिज्ञासा जगे। आकाशवाणी 'प्रसारिका' (अप्रैल-जून 1956) में एक वार्ता है—'बापू का पत्र-साहित्य'। इसमें बापू के कुछ बड़े सुन्दर पत्र उद्धृत किए गए हैं, जिनमें किसी की भी रुचि हो सकती है, लेकिन वार्ताकार प्रारम्भ करते हैं इस प्रकार—

'पत्र लेखन एक कला है। गांधीजी इस कला में बहुत निपुण थे। उनके बहुविध पत्रों की संख्या हज़ारों तक पहुँचती है। अकेली

> मीरा बहन, उनकी एक प्रधान यूरोपियन शिष्या के पास 600 से अधिक उनके पत्र हैं। ऐसे सैकड़ों व्यक्ति भारत में तथा बीसियों विदेशों में होंगे जिन्हें वे समय-समय पर बड़े चाव से पत्र लिखा करते थे। उन्होंने वायसराय और दूसरे देशों के राजनयज्ञों तथा अन्य उच्च पदस्थ राजनायकों से लगाकर भारत के एक साधारण कार्यकर्ता तक को पत्र लिखे हैं।' आदि-आदि।

ऐसी चर्चा कुछ देर तक चलती है, उसके बाद पत्र उद्धृत किए जाते हैं। इस चर्चा से श्रोता यही समझेगा कि वार्ताकार बापू के पत्र-साहित्य का इसी प्रकार परिचय देंगे, वार्ता का शीर्षक भी इसी बात की ओर संकेत करता है। यदि वार्ता का शीर्षक 'बापू के कुछ पत्र' या 'बापू के कुछ महत्त्वपूर्ण पत्र' होता, तो श्रोता यह आशा बनाए रख सकता कि प्रारम्भिक चर्चा के बाद बापू के पत्र उद्धृत किए जाएँगे। ऐसी स्थिति में श्रोताओं की जिज्ञासा बनाए रखने के लिए वार्ता बापू के किसी पत्र से ही प्रारम्भ की जा सकती थी, अथवा वार्ताकार प्रारम्भ में ही कह दे सकते थे—'इसके पहले कि मैं बापू के कुछ महत्त्वपूर्ण पत्रों के अंश आपके सामने रखूँ, मैं आपसे यह कह दूँ कि बापू पत्र-लेखन-कला में बहुत निपुण थे।...'

प्रेमचन्द के साथ हुए वार्तालाप या बापू के लिखे किसी पत्र के अंश से वार्ता प्रारम्भ करने का अर्थ यह है कि उसे नाटकीय ढंग से प्रारम्भ किया जाए। नाटकीयता में स्वभावत: आकर्षण होता है, और रेडियो-वार्ताकार चाहे तो इस नाटकीय शैली का उपयोग सहज ही कर सकता है। हाँ, यह ध्यान में रखना आवश्यक है कि नाटकीयता कहीं अतिनाटकीयता में न बदल जाए। कभी-कभी यह अतिनाटकीयता बहुत प्रभावोत्पादक होती है, कभी-कभी हास्यास्पद भी हो जाती है। अतिनाटकीयता का एक उदाहरण अमरीकी वार्ताकार ह्वे लांग से दिया जा सकता है। अमरीकी सीनेट के सदस्य ह्वे लांग ने राजनीतिक जीवन में उच्च स्थान प्राप्त करने में रेडियो के माध्यम का बड़ा सहारा लिया था। वह बड़े ही आत्मीय, किन्तु नाटकीय ढंग से अपने श्रोताओं से बातें करता था। उसकी एक वार्ता का प्रारम्भ इस प्रकार था—

'मित्रो, यह ह्वे पी. लांग बोल रहा है। मुझे कुछ बहुत ही महत्त्वपूर्ण रहस्य आपके सामने खोलने हैं, लेकिन मैं ऐसा करूँ, इसके पहले मैं चाहता हूँ कि आप टेलीफ़ोन के पास जाएँ, और अपने पाँच मित्रों को कह दें कि वे भी सुनें। मैं चार-पाँच मिनट तक यों ही बातें करता रहूँगा, बिना कोई विशेष बात कहे ही, इसलिए आप टेलीफ़ोन के पास जाइए, और अपने मित्रों से कह दीजिए कि ह्वे लांग रेडियो पर बोल रहा है।'

इसमें सन्देह नहीं कि यह एक आकर्षक प्रारम्भ है, पर आकाशवाणी में ऐसी नाटकीयता के लिए सम्भवत: बहुत कम स्थान है। फिर भी अपनी सीमा में ही नाटकीयता का उपयोग किया जा सकता है। उदाहरण के लिए, किसी व्यक्ति का परिचय देते समय यह आवश्यक नहीं कि उसके जन्म की बात से ही वार्ता प्रारम्भ की जाए, जैसा कि इन वार्ताओं में किया गया है :

'स्वामी रामकृष्ण परमहंस का जन्म बंगाल प्रान्त के हुगली ज़िले में 17 फ़रवरी सन् 1836 ई., बुधवार को कामारपुकर नामक गाँव में हुआ था। यह गाँव कलकत्ता से लगभग पचास मील की दूरी पर पश्चिम की दिशा में है। इनका जन्म नाम गदाधर था।'

('प्रसारिका', जुलाई-दिसम्बर 1955)

और,

'ऋषि दयानन्द का जन्म काठियावाड़ में मोरवी राज्य के एक क़स्बे में लगभग संवत् 1881 अर्थात् सन् 1824 ई. में हुआ था। उनका जन्म नाम मूलशंकर था। उस समय भारत की सामाजिक अवस्था बड़ी शोचनीय थी।' आदि!।

('प्रसारिका', जुलाई-दिसम्बर 1955)

इन महान् व्यक्तियों के जीवन में बहुत-सी महत्त्वपूर्ण एवं आकर्षक घटनाएँ घटी हैं, जिनकी चर्चा से वार्ताएँ प्रारम्भ की जा सकती हैं। कुछ ऐसी घटनाओं की चर्चा वार्ता में आगे चलकर हुई भी है।

प्रारम्भ को आकर्षक बनाने के और भी कई उपाय हैं। वार्ता किसी हास्य-प्रधान प्रसंग या उक्ति से शुरू की जा सकती है। 'जीने का सलीक़ा' शीर्षक इस वार्ता का प्रारम्भ देखिए—

'एक साहब पिटते भी जा रहे थे और हँसते भी जा रहे थे और जिस क़द्र बेतहाशा पिटते थे उसही क़द्र बेतहाशा हँसते थे। दर्याफ़्त हाल करने पर साहब मौसूफ़ ने बताया कि पीटनेवाला ग़लत आदमी को पीट रहा था। इसलिए उसकी हिमाक़त से लुत्फ़ अन्दोज़ हो रहे थे। तो हज़रत यह तो रहा पिटने का सलीक़ा।

अब रहा जीने का सलीक़ा। इसका लतीफ़ा भी सुन लीजिए। दो आदमी एक ही कोठरी में बन्द थे। रात बड़ी तारीक और भयानक थी और तूफ़ान शिद्दत पर था। तूफ़ान थमा तो दोनों कोठरी के दरवाज़े पर आए और सलाखों से झाँकने लगे। एक यह कहता हुआ वापस गया—'उफ़, किस बला की तारीकी है।' दूसरा वहीं खड़ा रहा और अपने साथी से बोला—'देखना एक तारा भी चमक रहा है।' लतीफ़ा तो ख़त्म हो गया, लेकिन कहनेवाले कहते हैं कि बात ख़त्म नहीं हुई, बल्कि इसमें जीने का एक सलीक़ा छुपा हुआ है। अगर इस लतीफ़े को आप पा न सकें या उसके क़ायल न हों तो मारिए गोली इस सारे क़िस्से को।

किसी काम को ख़ूबी और ख़ूबसूरती से करना सलीक़ा है। यूँ भी कह लीजिए तो कोई मुज़ायक़ा नहीं कि किसी बात को इस तरह कहना या करना कि उसका हक़ अदा हो जाए सलीक़ा है। इस बिना पर मैं कुछ ऐसा समझता हूँ कि धर्म, इख़लाक़, आर्ट, उलूम सबका बहुत कुछ मदार सलीक़े और शाइस्तगी पर है। आपकी इस दिल्ली के एक मशहूर ख़ानदानी तबीब का लतीफ़ा मशहूर है जिनसे एक साहब ने दर्याफ़्त किया कि 'हकीम साहब, आपके इलाज़ से भी लोग मरते हैं और फलाँ

आतताई के इलाज़ से भी मरते हैं, फिर आप दोनों में फ़र्क़ क्या रहा?' हक़ीम साहब ने फ़रमाया—'कोई फ़र्क़ नहीं। बात सिर्फ़ इतनी है कि वह भड़ुआ बेक़ायदा जान लेता है, मैं क़ायदे से जान लेता हूँ।' यह क़ायदा भी सलीक़े ही का दूसरा नाम है?'

(रेडियो-संग्रह, अक्टूबर-दिसम्बर 1953)

किसी उद्धरण से भी वार्ता का प्रारम्भ आकर्षण बनाया जा सकता है। किसी कविता की दो चुभती हुई पंक्तियाँ उद्धृत कर प्रारम्भ में चमत्कार उत्पन्न किया जा सकता है। कवियों और साहित्यकारों पर वार्ताएँ देते समय तो इसके लिए बहुत ही अवकाश रहता है, पर उसका पर्याप्त उपयोग नहीं किया जाता। उद्धरण वाले प्रारम्भ के दो उदाहरण यहाँ देखे जा सकते हैं। 'हिन्दी में व्यंग्य' शीर्षक वार्ता का प्रारम्भ है :

नहिं पराग नहिं मधुर मधु,
नहिं विकास एहि काल।
अली कली ही सौं बँध्यो,
आगे कौन हवाल॥

बिहारी की इन पंक्तियों में छिपे व्यंग्य ने कर्तव्य-विमुख राजा को बिना आघात पहुँचाए झकझोर कर जगा दिया था। व्यंग्य उस चाबुक की तरह है जो अगर चोट पहुँचाता है तो इसीलिए कि हमें सचेत करना चाहता है। व्यंग्य सचेत न करे, जगाए नहीं, सिर्फ़ चोट ही पहुँचाए, आघात ही करे तो वह व्यंग्य नहीं है, व्यंग्य-सी लगनेवाली वह चीज़ गाली है।'

(रेडियो-संग्रह, अक्टूबर-दिसम्बर 1953)

दूसरा उदाहरण 'जननी जन्मभूमिश्च स्वर्गादपि गरीयसी' वार्ता का है : 'महाकवि इक़बाल का एक गीत भारत में बहुत प्रचलित है—

सारे जहाँ से अच्छा हिन्दोस्ताँ हमारा।
हम बुलबुले हैं उसकी, वह गुलिस्ताँ हमारा ॥

किन्तु, इक़बाल से बहुत पहले यह भाव बंगाल में जन्मा था, जहाँ के महाकवि बंकिमचन्द्र ने भारत माता की कल्पना, सचमुच ही, माता अथवा महादेवी के रूप में की और देश को वन्दे मातरम् का जागरण-मंत्र देते हुए उन्होंने बड़े ऊँचे धरातल से एक नई स्तुति का गान किया—सुजलां सफलां मलयजशीतलां...' आदि-आदि।

('प्रसारिका', जनवरी-मार्च 1956)

कविताओं के अतिरिक्त किसी महापुरुष या विद्वान् के उद्धरण से भी वार्ताएँ प्रारम्भ की जा सकती हैं। किसी महापुरुष की उक्ति से वार्ता का सौन्दर्य भी बढ़ता है, उसमें शक्ति भी आती है, उसका आकर्षण भी बढ़ता है। 'जार्ज अरुंडेल' शीर्षक इस वार्ता का प्रारम्भ देखिए :

'महात्माजी ने एक बार मुझसे कहा था कि अंग्रेज़ तो योगियों की सन्तान मालूम होते हैं। उनकी प्रबन्ध-पटुता, नियमित और व्यवस्थित जीवन, कार्य-दक्षता किसी योगी से कम नहीं। बस एक कसर है कि उनका ज़्यादा प्रयत्न दूसरों का शोषण करने के लिए होता है। दूसरे मायनों में मैं उनको कभी-कभी रावण की सन्तान कहा करता हूँ। रावण भी बड़ा विद्वान् और तपस्वी था, अच्छा शासक और संगठनकर्ता था, परन्तु वह रावण इसलिए कहलाया कि दूसरों को सताता था। फिर भी अंग्रेज़ों के गुणों का मैं भक्त हूँ और उनके मुक़ाबिले में कई बार हिन्दुस्तानियों को घटिया पाता हूँ।

स्वर्गीय जार्ज अरुंडेल का ख़याल आते ही महात्माजी के पूर्वोक्त वचन याद आ जाते हैं। फ़र्क़ इतना ही है कि अंग्रेज़ों में दूसरों का शोषण करने की जो वृत्ति पाई जाती है, उससे श्री अरुंडेल

बिलकुल बरी थे। विद्वान् तो थे ही, लेकिन उनकी दृष्टि में विद्वत्ता का दर्ज़ा जीवन-शुद्धि और जीवन-सिद्धि के मुक़ाबिले में कम था। उनकी इस विशेषता ने उन्हें कोरा विद्वान् न रहने देकर थियोसफ़ी जैसी ब्रह्म-विद्या सम्बन्धी संस्था का अधिष्ठाता बना दिया।'

(रेडियो-संग्रह, अक्टूबर-दिसम्बर 1953)

वार्ता को रोचक कहानियों से भी प्रारम्भ किया जा सकता है। इस सम्बन्ध में भी यही ध्यान रखना होता है कि कहानी प्रासंगिक हो, और वार्ता के मूल विषय से उसका घनिष्ठ सम्बन्ध हो। 'समता का सिद्धान्त'-जैसे गम्भीर विषय का यह आकर्षक प्रारम्भ दर्शनीय है—

'विधाता ने जब सृजन का काम शुरू किया तब समता का सिद्धान्त ही उसका मापदंड था। एक आदिवासी लोक-कथा के अनुसार सबसे पहले केवल चार योनियों में प्राणी जगत् की रचना हुई—आदमी, बैल, कुत्ता और घुग्घू।

आदमी के सुपुर्द काम हुआ प्रकाश की शक्तियों का आह्वान और ईश्वर का गुणगान।

बैल के सुपुर्द हुआ प्राणी-जगत् का सेवा-भार।

कुत्ते के सुपुर्द हुआ प्राणी जगत् की रखवाली।

और अन्धकार की शक्तियों पर निगाह रखने का काम घुग्घू को सौंपा गया।

परमात्मा के दरबार में उस वक़्त तक सिर्फ़ एक तराजू थी, और वह थी समता की। चारों की तलबी हुई और ईश्वरीय आदेश सुना दिया गया : तुम चारों को चालीस-चालीस बरस की जीवन-अवधि दी जाती है।

आदेश सुनकर चारों का मन उदास हो गया। आदमी ने सोचा, चालीस बरस में तो उसके जवानी के हौसले भी पूरे न हो सकेंगे। मगर सबसे समझदार प्राणी होने के नाते वह धीरज का घूँट पीकर ख़ामोश रहा।

परन्तु बैल से न रहा गया। उसकी दोनों आँखों से टप-टप आँसू गिरने लगे। आरज़ू-भरे स्वर में बोला—हे दया के स्रोत! चालीस बरस तक निरन्तर पिसते रहने की मेरे अन्दर शक्ति नहीं। मुझे केवल बीस वर्ष की आयु चाहिए। मगर परमात्मा की बख़्शीश की वापसी का तो कोई प्रश्न ही नहीं था। ऐसे गाढ़े वक़्त पर आदमी बैल के काम आया। उसने विनती की—बैल की आयु के बाक़ी बीस वर्ष मैं सहर्ष लेने को तैयार हूँ। इस तरह मनुष्य की आयु चालीस से साठ वर्ष हो गई।

कुत्ते की बारी आई तो उसने केवल अपनी आयु के बारह वर्ष चाहे। आदमी ने कुत्ते के अट्ठाइस वर्ष भी अपनी आयु में जुड़वा लिये।

अन्त में घुग्घू से पूछा गया। वह भी बड़ी कठिनाई से आयु के बीस वर्ष लेने को राज़ी हुआ। जीवन की अतृप्त लालसा लिये मनुष्य ने घुग्घू के तिरस्कृत बीस वर्ष भी माँग लिये।

अन्तिम क्रम में आदमी की जीवन-अवधि 108 वर्ष हो गई, बैल की बीस वर्ष, कुत्ते की बारह वर्ष और घुग्घू की बीस वर्ष। चारों प्राणी ईश्वर को धन्यवाद देते हुए मर्त्यलोक को लौट आए।

लक्ष्मी ने, जो भगवान् के निकट बैठी हुई थी, चारों प्राणियों के विदा होने के बाद भगवान् से कहा—भगवन्, आदमी ने तो अपने ख़ुदगरज़ी में समता की ईश्वरीय तुला भंग कर डाली। मगर रहा वह नफ़े में।

> विधाता बोले—लक्ष्मी, लगता है, आदमी इसी ग़लतफ़हमी में तीनों प्राणियों की जीवन-अवधि ले गया है। आदमी तो वह केवल चालीस वर्ष तक ही रहेगा। चालीस वर्ष के बाद उसका जीवन बैल के समान होगा। परिवार के भरण-पोषण के लिए पिलना ही उसका ध्येय होगा। साठ वर्ष के बाद वह कुत्ते की तरह घर की रखवाली करेगा और अट्ठासी वर्ष के बाद वह घुग्घू की तरह अन्धकार के राजा यम की ओर ताकता रहेगा। लक्ष्मी, क्या सचमुच आदमी नफ़े में रहा?
>
> आदिम युग से लेकर अब तक, जब-जब मनुष्य की स्वार्थ बुद्धि ने उसे समता का प्रबुद्ध मार्ग छोड़ने के लिए प्रेरित किया, तब-तब मानव-जाति को ठोकरें खाकर लहूलुहान होना पड़ा।'
>
> ('प्रसारिका', जनवरी-मार्च 1956)

प्रारम्भ बहुत आकर्षक है, इसमें सन्देह नहीं, यों यह शिकायत की जा सकती है कि अपने मूल विषय पर आने में कुछ देर की गई है।

व्यक्तिगत चर्चा से भी वार्ता का प्रारम्भ होने पर वार्ता में आकर्षण आता है। हम पहले यह देख चुके हैं कि रेडियो-वार्ता वैयक्तिकता की ही कला है, वार्ताकार के जीवन की अभिव्यक्ति से इसकी विशेषता बढ़ती है। 'प्रसारिका' (जुलाई-दिसम्बर 1955) में प्रकाशित दो वार्ताओं के प्रारम्भ इस दृष्टि से देखे जा सकते हैं :

1. 'एक समय था जब मैं सरकारी नौकरी और साहित्य-सृजन को परस्पर विरोधी कार्य मानता था। सरकारी नौकरी करने से पहले मैं एक स्वतंत्र पत्रकार था और सालभर में ही लिखने का रोग मुझे लग गया था।'

   (मेरा व्यवसाय और साहित्य-सृजन)

2. 'मैं दिल्ली पहली मरतबा सन् 1916 में आया। मेरे स्कूल का सेंट स्टीफ़न्स हाई स्कूल से हॉकी का मैच था। मेरे चचाज़ाद

भाई टीम में थे। मैं एक्सट्राज़ में शामिल कर लिया गया ताकि मैं भी दिल्ली देख सकूँ। डॉक्टर अन्सारी मरहूम के एक अज़ीज़ भी टीम में शामिल थे। इनके ज़रिये डॉक्टर अन्सारी के यहाँ रहने का इन्तज़ाम हो गया। मुझे ठीक याद नहीं कि मैंने दिल्ली में क्या-क्या देखा। डॉक्टर अन्सारी का मकान मोरी गेट के पास था। हॉकी-फ़ील्ड जहाँ हम खेले और हार गए कुछ दूर न था। कुतुब और तुग़लकाबाद तो अब भी दूर समझे जाते हैं।'

(दिल्ली—नई और पुरानी)

इस प्रकार वार्ता का प्रारम्भ अनेकानेक प्रकार से किया जा सकता है। जो उदाहरण प्रस्तुत किए गए, उनसे परे भी अभी अनेक प्रकार हैं—वार्ता का प्रारम्भ किसी प्रश्न से हो सकता है, किसी चमत्कारपूर्ण उक्ति से हो सकता है, श्रोताओं को चौंकानेवाली किसी बात से हो सकता है। इन प्रकारों की कोई सीमा नहीं है, और न इन्हें किन्हीं निश्चित नियमों में बाँधा ही जा सकता है। सब कुछ वार्ताकार की प्रतिभा एवं शक्ति पर निर्भर है। वार्ताकार को यह सदा स्मरण रखना है कि वह किसी भी प्रकार से वार्ता प्रारम्भ करे, पर उसमें आकर्षण और रोचकता का गुण अवश्य ही रहना चाहिए।

कुछ वार्ताएँ सीमित अवधि की ओर संकेत करते हुए प्रारम्भ होती हैं—

'वर्तमान बर्मा की प्रगति की रेखाएँ इतनी सीधी नहीं हैं कि उनकी चर्चा थोड़े समय में हो सके।'

(रेडियो-संग्रह, अक्टूबर-दिसम्बर 1953)

सीमित अवधि का संकेत प्रारम्भ में या अन्त में या कहीं भी, प्रशंसनीय नहीं समझा जा सकता। वार्ताकार जानता है कि उसे एक सीमित अवधि में ही अपनी बात कहनी है, उसे समय के बन्धन को स्वीकार करके ही चलना है। श्रोता भी इस बन्धन से परिचित है, उसे इसकी याद दिलाने की कोई आवश्यकता नहीं होती। इसका प्रभाव श्रोता पर अच्छा नहीं पड़ता।

प्रारम्भ के बाद वार्ता के मध्य भाग का प्रश्न आता है। वार्ता की सफलता केवल उसके प्रारम्भ पर निर्भर नहीं है; प्रारम्भ तो श्रोताओं के मन को अपनी ओर केवल आकृष्ट भर कर लेता है, विषय के प्रति श्रोताओं में अभिरुचि उत्पन्न कर देता है। उसके बाद का सब काम तो वार्ता के मध्य भाग पर ही निर्भर है। श्रोता अन्त तक वार्ता को सुनता रह सके, इसके लिए इस मध्य भाग में भी पर्याप्त आकर्षण का रहना अनिवार्य है। जैसा कि जेनेट डनबर कहते हैं, रोचकता का सतत नवीन होते रहना ही श्रोताओं के ध्यान को जगाए रखता है। प्रश्न यह है कि वार्ता में प्रारम्भ से लेकर अन्त तक किस प्रकार रोचकता को बनाए रखा जाए। इसके लिए भी बँधे हुए नियम नहीं हैं, वार्ताकार की प्रतिभा पर ही यह भी निर्भर है। फिर भी यहाँ कुछ ऐसे उपायों की चर्चा की जा रही है, जिनसे वार्ता के मध्य भाग में रोचकता बनाए रखने में सहायता मिलती है।

वार्ताकार को सबसे पहले तो यह ध्यान रखना होता है कि समूची वार्ता एक ही प्रकार की या एकरस न हो। एकरसता रोचकता के मार्ग में सबसे अधिक बाधा डालती है। समूची वार्ता में केवल चौंकानेवाली बातें ही रहें, सब कुछ नाटकीय ही रहे, या सब कुछ बिलकुल साधारण ढंग से ही कहा जाए, तो वार्ता में एकरसता अनायास ही आ जाएगी। इस एकरसता को भंग करने का प्रयत्न आवश्यक है। बीच-बीच में रोचक प्रसंगों, दृष्टान्तों, उद्धरणों आदि के द्वारा ऐसा किया जा सकता है। जेनेट डनबर के अनुसार, 'विविधता आवश्यक है : मनःस्थिति में परिवर्तन, दृष्टिकोण में परिवर्तन, और स्पष्टीकरण में परिवर्तन।' तात्पर्य स्पष्ट है कि वार्ताकार अपने विषय को विभिन्न दृष्टियों से देखे, उसके विभिन्न पहलुओं को उद्घाटित करे, स्थान-स्थान पर विषयान्तर भी करे। विषयान्तर से एकरसता अवश्य ही भंग होती है, पर श्रोता को समझने में कोई कठिनाई नहीं हो, इसलिए विषयान्तर करते समय वार्ताकार के लिए यह कह देना आवश्यक होता है कि वह मुख्य विषय से हटकर दूसरी ओर जा रहा है, और ऐसा वह क्यों कर रहा है। मुख्य विषय पर आते समय विषयान्तर के पहले छोड़ी हुई मुख्य बात का दूसरे शब्दों में उल्लेख करके आगे बढ़ने से विचारों की शृंखला बनी रहती है।

वार्ता की सभी मुख्य बातों को एक ही स्थान पर न कहकर कुछ-कुछ

अन्तर पर कहते रहने से विविधता बनी रहती है। इसके विपरीत सभी मुख्य बातों को एक ही स्थान पर रखने से एकरसता की सृष्टि होती है। वार्ता की मुख्य बातों को किस प्रकार और कहाँ-कहाँ रखा जाए, यह एक बड़ा ही महत्त्वपूर्ण विषय है, और इस पर वार्ताकार को अवश्य ही ध्यान देना चाहिए।

वार्ता के क्रमिक विकास के सम्बन्ध में यह पहले ही कहा जा चुका है कि वार्ता की विषय-वस्तु का विकास तर्कसंगत रूप में, कारण-कार्य-सम्बन्ध के आधार पर होना चाहिए। वार्ता की सभी कड़ियों को सुसम्बद्ध होना चाहिए। इस पद्धति में श्रोताओं की जिज्ञासा को जगाए रखने की शक्ति रहती है।

वार्ता के विकास की दृष्टि से आचार्य विनोबा भावे के इस प्रवचन का अध्ययन किया जा सकता है :

> 'हमने आज़ादी अहिंसक तरीक़े से हासिल की। अब एक बड़ा भारी सवाल हमारे सामने यह है कि आर्थिक तथा सामाजिक रचना करने में कौन-से तरीक़े इस्तेमाल किए जाएँ। गांधीजी के ज़माने में अहिंसात्मक तरीक़ा इस्तेमाल किया गया। इसमें कोई विशेषता नहीं है, क्योंकि उस समय हम लाचार थे, हिंसा नहीं कर सकते थे। इसलिए उस समय की हमारी अहिंसा अशरण की शरण थी, अगतिकता की गति थी और अनाश्रय का आश्रय थी। उस समय हमारे सामने एक ही रास्ता था। लेकिन अब दूसरी बात है। हम चाहें तो सेना बढ़ा सकते हैं; चाहें तो हिंसा की राह ले सकते हैं और चाहें तो अहिंसा की राह ले सकते हैं। उस समय चुनाव की सत्ता हमारे हाथ में नहीं थी; लेकिन आज है। भगवान् ने बापू को देह से मुक्त कर दिया और हमारे सामने सवाल रख दिया है। हम खुले तौर पर, बिना किसी के दबाव के चुनाव कर सकें, इसीलिए भगवान् बापू को ले गया। अब उनका दबाव हमारे सिर पर नहीं है। वे रहते, तो शायद हम बिना सोचे उनके पीछे-पीछे अहिंसा की राह पर जाते, लेकिन भगवान् चाहता है, हम ख़ुद सोचकर अपना रास्ता तय करें।

आप चाहें तो रूस या अमेरिका को अपना गुरु बनाएँ और अपनी ख़ुद की स्वतंत्र इच्छा से उनके ग़ुलाम बनें। हम किसी को गुरु बनाते हैं, तो अपनी स्वतंत्र इच्छा से ही बनाते हैं। तो क्या हम उनके शागिर्द बनना चाहते हैं? क्या हमारा यही नसीब है? वे तो हमसे काफ़ी आगे बढ़े हुए हैं। हम उनकी ताक़त लेकर चलें, तो उनके जैसा बनने में हमें अभी 50 साल लगेंगे; और फिर भी शायद हम उनके पीछे ही रहेंगे। या तो भारत उनमें से किसी एक का ग़ुलाम बनेगा या उनसे ताक़तवर बनेगा। अगर ताक़तवर हुआ, तो दुनिया के लिए वह ख़तरनाक बनेगा। तो क्या उनको गुरु बनाकर ग़ुलाम या दुनिया के लिए ख़तरनाक बनना चाहते हो?

भगवान् ने भारत को नसीब ही ऐसा दिया है कि वह या तो अहिंसा में श्रद्धा रखे या हिंसा के पंडितों का अनुयायी बने। हमारा देश खंडप्राय है। यहाँ पर अनेक भाषाएँ, जातियाँ, धर्म और पन्थ हैं। ऐसी हालत में क्या इस देश को हिंसा के आधार पर एक बनाया जा सकता है? आज आन्ध्रवाले स्वतंत्र आन्ध्र प्रान्त चाहते हैं, तो क्या उनका अपने मक़सद के लिए हिंसात्मक तरीक़े इस्तेमाल करना मंजूर करोगे? अगर आप हिंसा को मानते हैं, तो बापू का ख़ून करनेवाला पुण्यवान् था—ऐसा कहना होगा। चाहे उसका विचार ग़लत था, परन्तु वह प्रामाणिक था—ऐसा कहना होगा। अगर अच्छे और सच्चे विचार के लिए हिंसात्मक तरीक़ों को मानते हैं, तो गांधीजी की हत्या करनेवाले ने त्याग किया, उसने प्रामाणिकता से अपने विचार का आग्रह रखा—ऐसा कहना पड़ेगा। इसलिए हिंसा को छोड़ना ही होगा। उससे भारत के टुकड़े-टुकड़े हो जाएँगे।

ज़मीन की समस्या तो सारी दुनिया में है, पर हम किस तरीक़े से उसे हल करते हैं, यही सवाल है। दुनिया में हिंसा के तरीक़े आज़माए गए हैं। अगर हम अपना तरीक़ा नहीं चलाते, तो बाहर

का तरीक़ा यहाँ पर आनेवाला है। सारी दुनिया में विचार का प्रवाह इधर-से उधर और उधर-से इधर बहता रहता है। मानसून की तरह क्रान्तिकारक विचार भी बाहर से यहाँ आएँगे और यहाँ से बाहर जाएँगे। हवा की तरह विचार को किसी भी पासपोर्ट की ज़रूरत नहीं होती। विचार को कोई भी दीवाल नहीं रोक सकती। इसलिए तय करो कि भूमि की समस्या शान्ति से हल करनी है या नहीं? जैसे बाहर के विचारों का यहाँ पर आक्रमण हो सकता है, वैसे ही हमारे विचार भी बाहर जा सकते हैं। इसलिए हिम्मत रखो कि हम यहाँ का विचार बाहर भेजेंगे। जैसे भगवान् बुद्ध के अनुयायियों ने बाहर जाकर प्रेम से विचार का प्रचार किया, उसी निष्ठा से काम करो और यह विश्वास रखो कि हम भूदान यज्ञ का विचार सर्वत्र फैलाएँगे। उसी निष्ठा से नये धर्म-चक्र-प्रवर्तन का यह काम करो, तो हम दुनिया को आकार दे सकते हैं।

जैसे प्रलय में सर्वत्र पानी ही पानी हो जाता है, तो भी मार्कंडेय ऋषि अकेला तैरता रहता और दुनिया को बचाता है; वैसे ही आज जहाँ अणुबम, वाग्युद्ध, चिन्तन के प्रवाह चल रहे हैं; विचार, वचन, शस्त्र, व्यापार आदि से दुनिया को जीतने की कोशिश चल रही है; वहाँ इन सारे प्रलय के पानी में जो देश मार्कंडेय ऋषि के समान तैरेगा, वह दुनिया का नेता बनेगा! उसके हाथ में दुनिया का नेतृत्व आना लाजिमी है। मैं यह अभिमान से नहीं, नम्रता से कह रहा हूँ। जो नम्र बनता है, वह ऊपर चढ़ता है। मनु महाराज ने भविष्य लिखा था :

एतद्देशप्रसूतस्य सकाशादग्रजन्मनः।
स्वं स्वं चरित्रं शिक्षेरन्पृथिव्यां सर्वमानवाः॥

"इस देश में जो महान् विचारक पैदा हुए या होंगे, उनके द्वारा दुनिया के लोग अपने-अपने चरित्र की शिक्षा लेंगे।" भाइयो, ऐसा

नेता हमें मिला था, जब हमारा देश अहिंसा के ज़रिये स्वराज्य हासिल कर रहा था। आज भी हमारे देश में ऐसे लोग हैं, जिनके हृदय में सद्भाव है। थोड़ी हिम्मत और कल्पना-शक्ति रखो, तो आपके हाथों में दुनिया को आकार देने की शक्ति आ जाएगी। यह कोई आक्रमण नहीं है, यह तो दुनिया को बचाना है। यह एक ऐसी महत्त्वाकांक्षा है, जो रखने लायक़ है। इसलिए यदि हम भूमि का मसला अहिंसक तरीक़े से हल कर सकेंगे, तो दुनिया को रास्ता दिखा सकेंगे।'

('त्रिवेणी' से)

इस प्रवचन का मूल विषय है—आज के युग में अहिंसा का क्या महत्त्व है और भूमि की समस्या सुलझाने में इसका क्या योग हो सकता है। इसकी प्रतिपादन शैली में देखा जा सकता है कि किस प्रकार एकरसता को भंग करने का प्रयत्न किया गया है—विभिन्न दृष्टियों से अपने प्रश्न पर विचार किया गया है, सभी बातें तर्कसंगत हैं, बीच-बीच में विचारोत्तेजक बातें हैं ('गांधीजी के ज़माने में अहिंसात्मक तरीक़ा इस्तेमाल किया गया। इसमें कोई विशेषता नहीं हैं।'—'हम खुले तौर पर, बिना किसी के दबाव के चुनाव कर सकें, इसीलिए भगवान् बापू को ले गया।'—'अगर आप हिंसा को मानते हैं, तो बापू का ख़ून करनेवाला पुण्यदान था—ऐसा कहना होगा।' आदि), उचित स्थलों पर दृष्टान्त का सहारा लिया गया है। प्रस्तुत प्रवचन रेडियो-वार्ता नहीं है, पर रेडियो-वार्ता की दृष्टि से भी सफल समझा जाएगा, इसमें सन्देह नहीं।

अब वार्ता के अन्त के सम्बन्ध में विचार किया जाए। इसका महत्त्व प्रारम्भ और मध्य से किसी प्रकार कम नहीं है। यह वार्ता का अन्त ही है, जिसकी पंक्तियाँ श्रोता के मन में वार्ता सुनने के कुछ देर बाद तक गूँजती रहती हैं। सचमुच अन्त किसी वार्ता का बहुत ही महत्त्वपूर्ण अंग है। लेकिन इसे जितना महत्त्व मिलना चाहिए, उतना साधारणतः नहीं मिलता।

इस सम्बन्ध में सबसे पहली बात तो ध्यान देने की यह है कि वार्ता की अन्तिम पंक्तियों से वार्ता की समाप्ति का ज्ञान होना चाहिए, उन्हें सुनकर ऐसा

न लगे कि वार्ता एकाएक समाप्त हो गई, यह आगे भी चल सकती थी। 'झीलों का देश—कनाडा' शीर्षक वार्ता का यह अन्त देखिए—

> 'रेल का जो डिब्बा हमने देखा वह बड़ा विचित्र था। डिब्बे की लम्बाई थी कोई 80 फ़ुट। और इतने से डिब्बे में 24 मुसाफ़िरों में से हरेक के लिए अलग-अलग कमरे थे। कमरों की दो क़तारें थीं और बीच में दो फ़ुट चौड़ा रास्ता। कमरे में उपलब्ध अनेक सुविधाओं को चर्चा के बाद कमरे की इन अचल वस्तुओं के सिवा पानी पीने के सेल्यूलाइड के गिलास, कमोड का काग़ज़, माचिस की डिब्बी, चार तौलिये और साबुन, ये वहाँ की चल सम्पत्ति थी। दुनिया के नवीनतम रेल के इस डिब्बे का नाम है डिप्लेक्स रूएट।'
>
> ('प्रसारिका', जुलाई-दिसम्बर 1955)

यह वार्ता एकाएक समाप्त हो गई-जैसी लगती है। उपर्युक्त पंक्तियों से वास्तव में वार्ता का अन्त नहीं होता। स्थान-परिचय-सम्बन्धी एक दूसरी वार्ता की अन्तिम पंक्तियों का एक ऐसा उदाहरण लिया जाए, जिससे वार्ता की समाप्ति का परिचय मिले। 'यह राजस्थान है' वार्ता का यह अन्तिम अंश है :

> 'आज भी याद है चित्तौड़ का वह गढ़, दिलवाड़ा का वह मन्दिर, अम्बर का वह दुर्ग और मेवाड़ी नारीत्व की किरण-सी वह रानी।'
>
> (आकाशवाणी 'प्रसारिका', अप्रैल-जून 1956)

तथ्यप्रधान वार्ताओं के सम्बन्ध में यह पहले कहा जा चुका है कि उसकी मुख्य बातों को अन्त में दुहरा देना श्रोता की स्मरण-शक्ति की दृष्टि से उपयोगी होता है।

जिन वार्ताओं का उद्देश्य श्रोताओं का सक्रिय सहयोग प्राप्त करना होता है, श्रोताओं को एक निश्चित दिशा में क्रियाशील बनाना होता है, उनके अन्त में उस क्रियाशीलता का संकेत अपेक्षित है। आचार्य विनोबा का जो प्रवचन पहले उद्धृत किया गया है, उसके अन्तिम अंश में इसे देखा जा सकता है।

अन्य प्रकार की वार्ताओं के अन्तिम अंशों को भी आकर्षक एवं प्रभावोत्पादक होना चाहिए। यह प्रभाव और आकर्षण किसी चुभती हुई उक्ति, किसी कविता की पंक्ति, किसी महापुरुष के उद्धरण, किसी प्रश्न आदि से उत्पन्न किया जा सकता है। उदाहरण स्वरूप कुछ वार्ताओं के आकर्षक अन्त देखे जा सकते हैं—

> पहला उदाहरण 'कवि-सम्मेलनों के कड़ुए मीठे अनुभव' शीर्षक वार्ता का है : 'जब मैंने बात शुरू की थी, तो सोचा था कुछ मीठे अनुभव सुनाऊँगा और कुछ कड़ुए, पर जब बात ख़त्म करने का वक़्त आया है, तब देखता हूँ कि कड़ुए अनुभव ही ज़्यादा बता पाया हूँ। मीठे अनुभव की बात तो इतने से ही समाप्त हो जाती है कि कवि-सम्मेलन में बुलाया गया, कविता की ख़ूब वाहवाही हुई, समुचित पारिश्रमिक दिया गया और घर लौट आया। इसमें कहने की क्या बात हुई?
>
> फ्रांसीसी कहानी लेखक मोपासाँ से एक बार किसी ने कहा कि आप जितनी कहानियाँ लिखते हैं उन सबमें बुरी औरतों की चर्चा रहती है, आप भली औरतों के विषय में कहानियाँ क्यों नहीं लिखते?
>
> मोपासाँ ने कहा, भली औरतों के बारे में कोई कहानी नहीं होती।'
>
> (आकाशवाणी 'प्रसारिका', अक्टूबर-दिसम्बर 1957)

'देलवाड़ा' शीर्षक वार्ता का अन्त इस प्रकार है—

> 'कौन है जो विदेशों से भारत आता है और इन मन्दिरों के दर्शन कर चमत्कृत नहीं हो जाता?' पहला उल्लेख इस सम्बन्ध में कर्नल टाड का मिलता है। यहाँ आकर और मन्दिर के शिखर को देखकर उसने अपनी पुस्तक में लिखा है—'शीतला माता के घाट से चला तब दोपहर हो गया था। उसी समय आबू की

चोटी दृश्यमान हुई और मेरा हृदय आनन्द से भर गया और उस ऋषि की तरह मैं अनायास कह उठा, मैं पा गया, मैं पा गया।'

(रेडियो-संग्रह, अक्टूबर-दिसम्बर 1953)

'पुराणों में प्रतीक' वार्ता का यह अन्त है—

'विष्णु के अवतार भी प्रतीकात्मक हैं। उसके द्वारा पुराण लेखकों ने सृष्टि के युगों की सभ्यता और संस्कृति के विकास के क्रम का वर्णन किया है। मत्स्य—जल में रहनेवाले, कूर्म—जल और थल दोनों पर रहनेवाले, नृसिंह—आधा पशु और आधा मनुष्य, परशुराम—जंगली मनुष्य, राम—मर्यादा-पुरुष, कृष्ण—पुरुषोत्तम, बुद्ध—ज्ञानी, और कल्कि—कलियुग का अन्त करनेवाला महापुरुष। क्या ये युगों के विकास के प्रतीक नहीं हैं?'

(रेडियो-संग्रह, अक्टूबर-दिसम्बर 1953)

कविता की पंक्तियों से वार्ता-समाप्ति का एक उदाहरण देखिए, वार्ता का शीर्षक है 'दोस्त'—

'आप ही बताइए, क्या आप ऐसे दोस्तों से घबराकर ऐसी जगह जाना चाहेंगे जहाँ कोई न हो।' वक़्ती तौर पर शायद आपका दिल घबराए, लेकिन फिर आपको मोमिन के साथ कहना ही पड़ेगा—

ठानी थी दिल में अब न मिलेंगे किसी से हम।
फिर क्या करें कि हो गए लाचार जी से हम॥

('प्रसारिका', जुलाई-दिसम्बर 1955)

इन उद्धरणों से स्पष्ट हो गया होगा कि वार्ता का अन्त किस प्रकार आकर्षक बनाया जा सकता है। प्रारम्भ और मध्य के सम्बन्ध में जो बात पहले कही गई है, वही यहाँ भी दुहराई जाएगी कि वार्ता के अन्त के लिए भी कोई बँधे

नियम नहीं हैं, यह भी वार्ताकार की शक्ति एवं प्रतिभा के आधार पर अनेक रूपों में प्रस्तुत किया जा सकता है। किसी भी प्रकार से हो, रेडियो-वार्ता का अन्त चुस्त और मन पर गहरी छाप छोड़नेवाला होना चाहिए, यही स्मरण रखना है। यह कहावत ठीक ही कही जाती है—'अन्त भला तो सब भला।'

रेडियो-वार्ता की भाषा-शैली

आकाशवाणी के प्रतीक-चित्र में अंकित है—'बहुजनहिताय बहुजन सुखाय।' प्रसारण की दृष्टि से विचार किया जाए, तो यह केवल आकाशवाणी का ही उद्देश्य नहीं, प्रसारण मात्र का उद्देश्य है। रेडियो सबकी कला है, यह सामूहिक प्रेषणीयता का माध्यम है। इसकी सफलता इसी बात में है कि इससे अधिकाधिक लोगों का मनोरंजन और कल्याण हो सके। रेडियो-वार्ता की सार्थकता भी इसी बात में है कि वह अधिकाधिक लोगों तक पहुँच सके, और यह कार्य वार्ता में प्रयुक्त भाषा पर ही निर्भर है। रेडियो-वार्ता के बनने-बिगड़ने का सारा उत्तरदायित्व भाषा पर ही है। इस दृष्टि से भाषा के प्रश्न पर गम्भीरता से विचार करना प्रत्येक वार्ताकार का कर्तव्य हो जाता है।

रेडियो-वार्ता अधिकाधिक लोगों की समझ में आ सके, इसके लिए आवश्यक है कि वार्ता की भाषा उन लोगों की भाषा हो, जिनके लिए वार्ता प्रसारित की जा रही है। यह बात कई स्तरों पर ध्यान देने की है। सबसे पहला स्तर बहुत ही स्पष्ट है : हिन्दी-भाषियों के लिए प्रसारित वार्ता की भाषा हिन्दी ही होनी चाहिए, उसे हिन्दी-अंग्रेज़ी, हिन्दी-संस्कृत या हिन्दी-फ़ारसी का मिश्रण नहीं होना चाहिए। यह बड़ी सीधी-सी बात है, पर इस पर हमारे यहाँ ध्यान नहीं दिया जाता। यह सर्वविदित है कि कितने कम हिन्दी-भाषी अंग्रेज़ी, संस्कृत या अरबी-फ़ारसी जानते हैं, और किसी वार्ता के प्रसंग में इन भाषाओं के शब्दों,

वाक्यों या उद्धरणों के आने से उन्हें कितनी कठिनाई होती है, फिर भी अनेक वार्ताकार इनका व्यवहार अपनी वार्ताओं में करते हैं। एक उदाहरण देखा जाए, वार्ता का शीर्षक है 'पुस्तकें जिनसे मैंने सीखा' :

'गीता से मेरा सर्वप्रथम परिचय बापू के अनासक्ति योग द्वारा ही हुआ। इस रत्न-भंडार में से तीन श्लोक अपेक्षाकृत आदर्श रूप बनकर मेरे जीवन की कठिनाइयों में अनेक बार सहायक हुए हैं।

पहला है दूसरे अध्याय का 56वाँ श्लोक—

दुःखेष्वनुद्विग्नमनाः सुखेषु विगतस्पृहः।
वीतरागभयक्रोधः स्थितधीर्मुनिरुच्यते॥

दूसरा है उसी अध्याय का 70वाँ श्लोक—

आपूर्यमाणमचलप्रतिष्ठं
समुद्रमापः प्रविशन्ति यद्वत्।
तद्वत्कामा यं प्रविशन्ति सर्वे
स शान्तिमाप्नोति न कामकामी।

....

....

आज के भारत में कोई ही शिक्षित व्यक्ति ऐसा होगा, जिसने विवेकानन्द के भाषणों, बापू की आत्मकथा और श्री जवाहरलाल नेहरू की आत्मकथा (Autobiography) न पढ़ी हो और उनसे अपने विचारों और आदर्शों के निर्माण में प्रेरणा न पाई हो।

'Strength is life, weakness is death, strength is felicity, life eternal, immortal; weakness is constant strain and misery.'

'Weakness is the one cause of suffering. We become miserable, because we are weak, We lie, steal, kill and commit other crimes, because we are weak.

We suffer, because we are weak. We die, because we are weak. Where there is nothing to weaken us, there is no death, no sorrow.'

स्वामी विवेकानन्द के उपर्युक्त शब्दों को जब-जब पढ़ा तब-तब शरीर की नस-नस फड़क उठी और अपने में शक्ति का संचार अनुभव किया।'

('प्रसारिका', जुलाई-दिसम्बर 1955)

इस अंश को सुनते समय केवल हिन्दी जाननेवाले श्रोताओं की मानसिक स्थिति क्या हो सकती है, इसे सहज ही समझा जा सकता है। वार्ता हिन्दी में ही है, और हिन्दी जाननेवालों के लिए ही है, यह तो मानना ही पड़ेगा। हिन्दी वार्ताओं में अंग्रेज़ी के उद्धरण देना फ्रेंच या लैटिन के उद्धरण देने से किसी प्रकार कम नहीं है। यह सही है कि अनेक स्थानों पर उद्धरण अनिवार्य हो जाते हैं, पर वैसे स्थलों पर अंग्रेज़ी या किसी भी विदेशी भाषा के मूल उद्धरण न देकर उनके हिन्दी अनुवाद देना उचित कहा जाएगा। हाँ, यह संकेत कर दिया जा सकता है कि अनुवाद किस भाषा से दिये जा रहे हैं। संस्कृत के उद्धरण अवश्य ही दिये जा सकते हैं, पर साथ ही उनके हिन्दी अनुवाद दे देना श्रोताओं के लिए सुविधाजनक होगा।

लोक भाषा के शब्दों और उद्धरणों के सम्बन्ध में भी यही बात कही जा सकती है। लोकभाषा के शब्दों के व्यवहार से भाषा की व्यापकता सीमित होती। भोजपुरी के ऐसे शब्दों के व्यवहार जिन्हें केवल भोजपुरी क्षेत्र के लोग समझ सकते हों, दूसरे क्षेत्रों के लोगों के लिए बोधगम्य नहीं हो सकेंगे। इधर आंचलिक शब्दों के व्यवहार की ओर बहुत लोगों का ध्यान जा रहा है; यह सत्य है कि बोलियों के व्यवहार से भाषा में ताज़गी आती है, और भाषा जनजीवन के निकट पहुँचती है, लेकिन इस आंचलिकता की भी एक सीमा है। जहाँ आंचलिकता भाषा की बोधगम्यता में बाधक होने लगती है, वहाँ वह निश्चित रूप से त्याज्य है। लियोनेल गैमलिन अपने यहाँ की रेडियो-वार्ताओं के सम्बन्ध में कहते हैं—

> ‘प्रसारणककर्ता की अंग्रेज़ी सरलतम होनी चाहिए, उसे अधिकाधिक श्रोताओं के लिए बोधगम्य होना चाहिए। इसका तात्पर्य यह कि उसे बिलकुल स्थानीय नहीं होना चाहिए।’

यह कथन अक्षरशः सत्य है। रेडियो-वार्ता का धरातल बहुत ही विस्तृत और व्यापक होना चाहिए, उसे अधिक-से-अधिक लोगों के पास पहुँचना चाहिए; इसके लिए बोलियों के व्यवहार से बचना आवश्यक है। हाँ, जहाँ वार्ताकार एक अंचल-विशेष के लिए ही वार्ता प्रसारित कर रहा हो, वहाँ की बात दूसरी है।

अभी पहले कहा गया है, वार्ता की भाषा उन लोगों की भाषा होनी चाहिए, जिनके लिए वह प्रसारित की जा रही हो। इसका अर्थ यह भी है कि वार्ता की भाषा श्रोता वर्ग के अनुरूप होनी चाहिए। वार्ताएँ विभिन्न वर्गों के लिए प्रसारित की जाती हैं—सामान्य शिक्षित व्यक्तियों के लिए, ग्रामीण जनता के लिए, बच्चों के लिए, स्कूलों के छात्रों के लिए, कॉलेजों के युवकों के लिए। इन सभी वर्गों की अपनी भाषाएँ होती हैं, वार्ता को समझने की अपनी सीमाएँ होती हैं। इन पर ध्यान देना वार्ताकार का कर्तव्य है। जिस भाषा में सामान्य शिक्षित व्यक्तियों के लिए वार्ता प्रसारित की जाएगी, उसी में बच्चों की वार्ताएँ नहीं प्रसारित की जा सकतीं। कुछ वार्ताकार इस बात पर ध्यान देते हैं, कुछ नहीं देते। ध्यान नहीं देनेवालों में से एक का उदाहरण देखिए, ‘ग्राम जगत्’ के लिए प्रसारित ‘जनता की सुरक्षा’ शीर्षक वार्ता की ये पंक्तियाँ हैं—

> ‘मनुष्य जिन अधिकारों का उपयोग करता है, उनमें से अधिकतर समाज की देन हैं। अध्यापक, मिल मालिक, पिता, राजा और जेलर को क्रमशः छात्र, मज़दूर, पुत्र, प्रजा और बन्दी पर अधिकार होते हैं। परन्तु न तो इन अधिकारों का अस्तित्व चिरस्थायी है, न स्वरूप। समाजवादी व्यवस्था में मिल-मालिक ही नहीं होता, नि:सन्तान मनुष्य के लिए पिता शब्द का व्यवहार नहीं हो सकता, प्रजातंत्र में न राजा होता है, न राजाओं के अधिकार हो सकते

हैं। बहुत से अधिकार क़ानून द्वारा प्राप्त होते हैं और क़ानून उन्हें छीन भी सकता है।'

('सारंग,' 1 से 15 दिसम्बर, 1954)

अपने श्रोताओं की सीमाओं पर ध्यान रखनेवाले वार्ताकारों में से भी एक का उदाहरण देखा जा सकता है, 'ग्राम जगत्' के लिए प्रसारित 'क़र्ज़ का बोझ और उसका निवारण' शीर्षक वार्ता की ये पंक्तियाँ हैं—

'आज किसन दादा के यहाँ शादी की धूमधाम मालूम होती है। कहते हैं, वह नागपुर से गहने लाया है, क़ीमती कपड़े और ढेर सारे बर्तन भी। और बहुत धूमधाम से मनाई जाएगी शादी। कहाँ से आया इतना पैसा? बेचारा यह छोटा-सा काश्तकार दो बैलों से इतना परिश्रम करता है, लेकिन कभी मालोमाल नहीं दीखता। पर शादी के लिए तो बहुत ख़र्चा कर रहा है। कुछ तक़ावी मिली है कुआँ खोदने के लिए, और सुनते हैं कि करोड़ीमल साहूकार से क़र्ज़ भी लिया है। शायद इसी रक़म से यह सारी रोशनी हो रही है।'

('सारंग', 1 से 15 जनवरी, 1953)

सामान्य शिक्षित व्यक्तियों के लिए प्रसारित वार्ताओं में भी यह ध्यान रखना आवश्यक है कि उनमें ऐसे कठिन शब्द न आएँ, जिन्हें श्रोता न समझ सकें। रेडियो-वार्ता की भाषा का ऐसे धरातल पर रहना अपेक्षित है कि वह अधिक से अधिक लोगों के लिए ग्राह्य हो सके। इस दृष्टि से रेडियो-वार्ता में सुन्दर दीखनेवाले बड़े-बड़े शब्दों का कोई मूल्य नहीं है। अनातोले फ्रांसने कहा था—'यदि आप समझ नहीं पाते, तो संसार के सुन्दरतम शब्द भी निरर्थक ध्वनियाँ हैं।' इसी सत्य को जेनेट डनबर दुहराते हैं—

'वार्ता में साहित्यिक शब्दावलियाँ अर्थहीन होती हैं।'

रेडियो-वार्ताकार को ऐसी शब्दावलियों से बचना चाहिए, इसे सभी

रेडियो-विशेषज्ञ स्वीकार करते हैं। बी.बी.सी. के प्रसिद्ध वार्ताकार जॉन हिल्टन के सम्बन्ध में एल्कन एंड डोरोथियन एलन का कथन है—

> 'वास्तव में वे अपनी वार्ता लिखने में अथक परिश्रम करते थे—जिस साहित्यिक परम्परा में वे पले थे, उससे लड़ते हुए, लोकप्रिय भाषा की खोज करते हुए, और 'अच्छी' अंग्रेज़ी को पीछे छोड़ते हुए।'

जॉन हिल्टन का उदाहरण प्रत्येक रेडियो-वार्ताकार का आदर्श होना चाहिए। कठिन साहित्यिक शब्दों का मोह छोड़कर ही कोई वार्ताकार सफल वार्ता की रचना कर सकता है। कहने की आवश्यकता नहीं कि इस दृष्टि से 'अद्यावधि विकास हो रहा है' के स्थान पर 'अभी तक विकास हो रहा है' अधिक उचित समझा जाएगा।

शब्दों की चर्चा चल रही है, तो यहीं यह भी कह दिया जाए कि वार्ताकार को ऐसे शब्दों के व्यवहार से बचना आवश्यक होता है, जो समान उच्चारण के कारण अर्थबोध में बाधक होते हैं। 'चीनी बच्चे' की अपेक्षा 'चीन देश के बच्चे' कहना अधिक अच्छा होगा। इसी प्रकार सुरुचि में बाधक शब्दों से भी बचना उचित है। 'इतने सालों से' के बदले 'इतने वर्षों से' कहना प्रशंसनीय कहा जाएगा।

रेडियो-वार्ता की भाषा-शैली के सम्बन्ध में सबसे महत्त्वपूर्ण बात यह स्मरणीय है कि उसका आधार भाषा का लिखित रूप नहीं, श्रव्य रूप होना चाहिए। इस दृष्टि से भी मुद्रित निबन्धों और प्रसारित वार्ताओं में अन्तर होता है। यह बात उदाहरण से स्पष्ट हो जाएगी। जैसा पहले कहा जा चुका है, हमारे यहाँ से अधिकतर निबन्ध ही प्रसारित होते हैं, फलतः प्रसारित वार्ताओं में ही हमें मुद्रित भाषा के अनेक उदाहरण मिल जाएँगे। प्रस्तुत उदाहरण 'भारत की पुरानी राजनीति' शीर्षक वार्ता का है :

> 'यद्यपि आनुवंशिक राजपद का वर्णन ऋग्वेद में भी मिलता है, परन्तु राजा का उत्तराधिकारी विनय, नियमबद्धता, वृद्धोपसेवा,

विद्याप्राप्ति, सुसंगति, सत्यवादिता, धर्मप्रियता इत्यादि गुणों से विभूषित होने पर ही राजा बन सकता था और किसी के राजपद पर अभिषिक्त होने के लिए वैदिक काल में सभा तथा समिति की और रामायण काल तथा महाभारत काल में पौरजान-पाद संस्थाओं की स्वीकृति अनिवार्य होती थी।'

(रेडियो-संग्रह, अक्टूबर-दिसम्बर 1953)

इस अंश के केवल कठिन शब्द ही नहीं, बल्कि इसका वाक्य-संगठन भी इस बात की ओर संकेत करता है कि यह भाषा का भाषित रूप नहीं, लिखित रूप है; यह रूप बोलने और सुनने के लिए नहीं, लिखने और पढ़ने के लिए है। हम बोलते समय लम्बे-लम्बे वाक्यों का व्यवहार नहीं करते, मिश्र और संयुक्त वाक्यों से बहुत कम काम लेते हैं, हमारे शब्द और वाक्य ऐसे होते हैं, जिनके बोलने में किसी प्रकार की कठिनाई नहीं होती, और जिनको समझने में भी सुननेवालों को मानसिक व्यायाम नहीं करना पड़ता। निबन्धों में भाषा का लिखित रूप भले ही चल जाए, रेडियो-वार्ताओं में नहीं चल सकता। इसलिए वार्ताकार को इस ओर अवश्य ही ध्यान देना है; उसे भाषा के उच्चरित स्वरूप का आधार ग्रहण करना है। रेडियो-वार्ता की लय, अभिव्यंजना-शैली, वाक्य, शब्द, सबका हमारी बोलचाल की भाषा के निकट रहना अपेक्षित है। जेनेट डनबर के अनुसार—

'वार्ता का आलेख लिखने में सामान्य वार्तालाप की लय बड़ी अच्छी पथ-निर्देशिका है।'

इस सम्बन्ध में एक बात ध्यान रखने की अवश्य है कि रेडियो-वार्ता की भाषा को हमारी बोलचाल की भाषा के निकट रहना है, उसे बोलचाल की भाषा नहीं हो जाना है। रेडियो-वार्ता और सामान्य वार्तालाप में अन्तर है। रेडियो-वार्ता साहित्यिक कृति है, उसमें शक्ति चाहिए, प्रभावोत्पादकता चाहिए, चुस्ती चाहिए। बोलचाल में बिखराहट होती है, स्थान-स्थान पर अधूरे वाक्य होते हैं, बातों और शब्दों की निरर्थक आवृत्तियाँ होती हैं, 'तब', 'तो', 'बस',

'अच्छा', 'समझे?' जैसे अनेक शब्दों का बहुलता के साथ व्यवहार होता है। रेडियो-वार्ता में इन सबके व्यवहार से उसकी शक्ति में क्षीणता आती है। इसीलिए अनुभवी प्रसारणकर्ता रेडियो-वार्ता को बोलचाल के निकट रखते हुए भी उससे दूर रखने का परामर्श देते हैं। जेनेट डनबर का ही विचार लिया जाए—

> 'रेडियो-आलेख की दृष्टि से स्वाभाविक वार्ता, दैनिक व्यवहार की भाषा की मुहावरेदार और प्रामाणिक अभिव्यक्ति है, उसका अक्षरश: प्रस्तुतीकरण नहीं है।'

एल्कन ऐंड डोरोथियन एलन के अनुसार—

> 'प्रतिदिन की भाषा को निश्चित शब्दावलियों और भावनाओं के रूप में तीव्र बना देना महान् प्रसारणकर्ता की महत्त्वपूर्ण विशेषताओं में है।'

इस विशेषता की उपलब्धि के लिए आवश्यक है कि वार्ता के शब्द और वाक्य सरल सुबोध होते हुए भी दैनिक व्यवहार के कारण बिलकुल घिसे-पिटे न हों, ऐसे घिसे-पिटे शब्दों में अपेक्षित प्रभाव उत्पन्न करने की क्षमता नहीं होती; अज्ञेय जी ने कहा ही है—

> 'बासन अधिक घिसने से मुलम्मा छूट जाता है।'

बिलकुल बोलचाल की भाषा के व्यवहार से रेडियो-वार्ताओं में जो दुर्बलताएँ आती हैं, इनके सम्बन्ध में भी प्रसारणकर्ताओं ने विचार किया है। उनके अनुसार 'अच्छा', 'आप समझते हैं' जैसे शब्दों का अधिक व्यवहार वार्ता की बोधगम्यता में बाधक होता है। अत: वार्ताकार को इस पर भी ध्यान देना चाहिए।

बोलचाल के निकट रहकर भी भाषा बोलचाल की दुर्बलताओं से मुक्त रहे, उसमें शक्ति रहे, सरलता रहे, बोधगम्यता रहे, वह बोलने में सहज और सुविधाजनक हो, इन सभी दृष्टियों से इस पुस्तक में पहले उद्धृत विनोबा भावे के प्रवचनों के अंशों का अध्ययन किया जा सकता है। हाँ, उन प्रवचनों में

वक्ता की बोलचाल की अपनी लय है, जो सभी स्थानों पर परिलक्षित होगी। यह भी व्यक्तित्व का एक अंग है। प्रत्येक वक्ता की अपनी लय होती है, उस पर ध्यान देना, उसके सहारे अपनी अभिव्यक्ति करना अपने व्यक्तित्व को अभिव्यक्त करना है, जो रेडियो-वार्ता के लिए अनिवार्य है।

अब तक के विवेचन से यह स्पष्ट है कि रेडियो-वार्ता की भाषा पुस्तकों की निर्जीव भाषा नहीं है, प्रत्यक्ष सम्भाषण की सजीव भाषा है। इसके लिए बड़ी ही प्राणवन्त शैली की अपेक्षा है; ऐसी शैली जिसके शब्द बोलते हों, चित्र-निर्माण करते हों, जो श्रोताओं को अपने सौन्दर्य के प्रति आकृष्ट न कर अपने पीछे उफनते भावों-विचारों के प्रति आकृष्ट करते हों, जिसके वाक्यों में गति हो, प्रवाह हो, लयात्मकता हो, सप्राणता हो। भाषित शब्दों की शक्ति पर आधारित ऐसी ही जीवनमयी भाषा-शैली रेडियो-वार्ता को सफल बना सकती है।

रेडियो-वार्ता-प्रसारण

रेडियो-वार्ताकार केवल लेखक ही नहीं, अभिनेता भी है। वार्ता-लेखन की समाप्ति के साथ ही वह लेखक का दायित्व पूरा कर लेता है, और उसके ऊपर अभिनेता का उत्तरदायित्व आ जाता है। अब उसकी वार्ता नाटक बन ज़ाती है, और वह उसका मुख्य अभिनेता हो जाता है। रेडियो-वार्ता एकपात्री नाटक है, जिसका मुख्य पात्र वार्ताकार होता है। इस नाटक में वह किसी दूसरे व्यक्ति का अभिनय नहीं करता, स्वयं अपना अभिनय करता है, अपने व्यक्तित्व में निहित विशेषताओं को उद्घाटित करता है। इस अभिनय की सफलता पर ही वार्ता-प्रसारण की सफलता निर्भर है। अच्छी से अच्छी लिखी हुई वार्ता भी प्रसारण-कला की दुर्बलता के कारण बिलकुल प्रभावहीन और असफल हो जाती है। इसीलिए प्रसारण के पक्ष पर भी ध्यान देना वार्ताकार के लिए आवश्यक है। जैसे नाटक की सफलता रंगमंच पर सिद्ध होती है, उसी प्रकार रेडियो-वार्ता की सफलता स्टूडियो में माइक्रोफ़ोन पर। वार्ताकार किस प्रकार माइक्रोफ़ोन पर अपना स्वाभाविक, विश्वसनीय और प्रभावोत्पादक अभिनय प्रस्तुत करे, इस विषय से वार्ताकार को परिचित होना चाहिए।

यह विचित्र बात ज्ञात होती है कि जहाँ रंगमंचीय या रेडियो-नाटक के अभिनेता के लिए वर्षों के अभ्यास और प्रशिक्षण की आवश्यकता समझी जाती है, वहाँ सामान्य वार्ताकार एक दिन का ही नहीं, एक बार का अभ्यास

भी अनावश्यक मानता है। प्रोड्यूसर दोपहर में अपने वार्ताकार से टेलीफ़ोन पर कहता है—'कृपया शाम को एक-डेढ़ घंटे पहले आ जाइए, तो रिहर्सल हो जाएगा।' उसे उत्तर मिलता है—'रिहर्सल की क्या ज़रूरत है? मैंने पढ़कर देख लिया है, सब ठीक है। मैं 15 मिनट पहले आ जाऊँगा।' यह तो नए वार्ताकारों की बात है, पुराने वार्ताकार कहेंगे, 'मुझे रिहर्सल की क्या ज़रूरत, मैं तो पाँच वर्षों से वार्ताएँ प्रसारित करता आ रहा हूँ' (काश, उन्हें पता होता कि पाँच वर्षों से उनकी वार्ताएँ कोई सुनता भी आ रहा है या नहीं।) और प्रसारण के निश्चित समय से दो-चार मिनट पहले स्टूडियो में आ जाएँगे। ऐसी स्थिति में आकाशवाणी से प्रसारित वार्ताएँ अनाकर्षक और प्रभावहीन होती हैं, तो इसमें कोई आश्चर्य की बात नहीं है। वार्ता-प्रसारण के पहले रिहर्सल की अनिवार्यता के सम्बन्ध में जॉन एस. कार्लाइल का यह विचार उद्धृत कर देना पर्याप्त होगा—

> 'रेडियो-वार्ता-प्रसारण के कुछ ही मिनट पहले माइक्रोफ़ोन के सामने पहली बार किसी भी व्यक्ति को नहीं जाना चाहिए, वार्ताकार को रेडियो का अनुभव पहले से कितना भी अधिक क्यों न हो। प्रसारण संस्थाएँ वार्ता-प्रसारण के पहले हमेशा ही माइक्रोफ़ोन रिहर्सल के लिए एक समय निश्चित करती हैं। उसमें बिताए गए समय का पुरस्कार वार्ताकार और श्रोता, दोनों को ही मिलता है।'

रिहर्सल से कितनी परेशानियों की बचत हो जाती है, यह रेडियो से सम्बद्ध व्यक्ति ही जानते हैं। इस सम्बन्ध में आगे कुछ चर्चा करने के पहले अपना एक मनोरंजक अनुभव प्रस्तुत करने की इच्छा होती है। कॉलेज के एक प्राध्यापक पहली बार एक वार्ता प्रसारित करने आए—निश्चित समय से तीन-चार मिनट पहले। और कुछ कहने का समय था नहीं, स्टूडियो में पहुँचकर मैंने इतना कह दिया कि 'ठीक समय पर दूसरे स्टूडियो से एनाउंसर आपका नाम एनाउंस करेंगे, और उसके बाद आपके सामने दीवार पर घड़ी के नीचेवाली बत्ती जलेगी, तब आप अपनी वार्ता शुरू करेंगे। और हाँ, वार्ता समय से ख़त्म कर दीजिएगा।' समय हो गया था, और मैं बूथ (स्टूडियो की

बग़ल का छोटा-सा कमरा, जिसमें एनाउंसर, प्रोड्यूसर आदि बैठते हैं) में चला गया, लेकिन मुझे लग रहा था कि वार्ताकार ने मेरी बातें सुनी नहीं हैं, क्योंकि वे मानसिक घबड़ाहट की स्थिति में थे। दूसरे स्टूडियो से एनाउंसर ने घोषणा की—'अब...की वार्ता सुनिए। श्री...।' अपना नाम सुनाई पड़ा नहीं कि वार्ताकार ने वार्ता शुरू कर दी। मैंने देखा, उनका मुँह चल रहा है, यद्यपि उनकी आवाज़ मुझे नहीं मिल रही थी, क्योंकि मुझे बूथ में कंट्रोल रूम (जहाँ इंजीनियर बैठते हैं, और जहाँ से वे स्टूडियो आदि का संचालन करते हैं) से फ्लिक (रोशनी का वह संकेत, जिससे यह ज्ञात होता है कि अब यह स्टूडियो काम कर रहा है, और यहाँ से कार्यक्रम प्रसारित किया जाए) नहीं मिला था। मुझे जब फ्लिक मिला, तो मैंने उनके स्टूडियो में फ्लिक दिया, घड़ी के नीचे की लाल बत्ती जल उठी। उस समय वार्ताकार अपने किसी वाक्य के बीच में थे, श्रोताओं ने भी उन्हें वहीं से सुना होगा। वार्ता सुनते हुए मैं सोच रहा था कि सम्भव है, वार्ताकार निश्चित समय से आगे बढ़ने की कोशिश करें, उस समय उनकी वार्ता को किसी अच्छी जगह पर से काट देने के लिए तैयार रहना चाहिए। वार्ताकार वार्ता पढ़ते जा रहे थे, उनकी आवाज़ बतला रही थी कि उनके भीतर घबड़ाहट बहुत अधिक है। मैंने घड़ी देखी, अभी तीन मिनट बाक़ी थे। वार्ताकार को भी शायद समय की याद आई, उन्होंने भी सिर उठाकर सामने की बड़ी घड़ी देखी, फिर सहसा चुप हो गए—वार्ता के मध्य में ही। मैं चौंक गया कि यह क्या बात हो गई। सामने देखता हूँ, तो वार्ताकार शान्त भाव से कुर्सी पर बैठे हैं। लाचार होकर मैंने स्टूडियो का फ्लिक ले लिया। स्टूडियो में आकर मैंने पूछा—'अभी तो तीन मिनट थे, आप बीच में ही क्यों चुप हो गए।' उन्होंने कहा—'आपने सामने यह लाल बत्ती दिखला दी, तो मैं आगे कैसे पढ़ूँ?' मैं समझ गया, लाल बत्ती, सब जगह रुकने का संकेत है, वार्ताकार ने उसे यहाँ भी यही समझा।

रिहर्सल से केवल इस तरह की सामान्य बातों की ही जानकारी नहीं हो जाती, बल्कि और भी अनेक सुविधाएँ होती हैं। नये वार्ताकार को यह ज्ञात नहीं होता कि उसे किस गति से वार्ता प्रसारित करनी है; अपने घर पर जिसे वह दस मिनट की वार्ता समझता है, वह स्टूडियो की दृष्टि से पन्द्रह मिनट की वार्ता हो

जाती है, उसे काट-छाँटकर दस मिनट की सीमा में बाँधने का काम रिहर्सल में ही हो पाता है। इसके अतिरिक्त उसे इस बात की भी जानकारी मिलती है कि वह आलेख के पन्नों को किस प्रकार उठाए और रखे कि उनसे खड़खड़ाहट न हो, वह माइक्रोफ़ोन से कितनी दूर पर बैठे, उसकी आवाज़ कितनी ऊँचाई पर रहे, वह वार्ता किस प्रकार प्रसारित करे, किन शब्दों पर ज़ोर दे, आदि। रिहर्सल की उपयोगिता निःसन्दिग्ध है, उसके लिए रेडियो-अधिकारियों का आमंत्रण स्वीकार करना, और आमंत्रण न मिलने पर उसके लिए स्वयं आग्रह करना प्रत्येक वार्ताकार का कर्तव्य है।

अब प्रसारण की कुछ अपेक्षित विशेषताओं पर विचार किया जाए। वार्ता प्रसारित करते समय साधारणतः दो कठिनाइयाँ वार्ताकार के सम्मुख आती हैं। पहली कठिनाई यह है कि अनेक वार्ताकारों को माइक्रोफ़ोन का भय होता है। माइक के सामने आते ही उनमें घबड़ाहट आ जाती है। सम्भवतः इसका कारण यह है कि वे सोचते हैं, अमुक-अमुक व्यक्ति, मेरे अमुक प्रतिद्वंद्वी मेरी वार्ता सुनते होंगे, यदि वार्ता अच्छी नहीं हुई तो लोग क्या कहेंगे, मेरे प्रति क्या-क्या धारणाएँ बनाएँगे। दूसरी कठिनाई यह है कि वार्ताकार का प्रसारण निर्जीव और प्राणहीन हो जाता है। इसका कारण सम्भवतः यह है कि वार्ताकार के सामने स्टूडियो में दूसरा कोई नहीं रहता, जिससे वह वार्ता निवेदित करे और जिसकी प्रतिक्रिया से उसकी वाणी में सजीवता आए। ऐसी स्थिति में वार्ताकार के यंत्रवत् हो जाने का भय रहता है, इसका संकेत हम पहले ही कर आए हैं। इस भय को दूर करना, वार्ताकार की वाणी में जीवन ले आना प्रसारण कला की सबसे बड़ी अपेक्षा है। जेनेट डनबर कहते हैं—

> 'वास्तव में जिस वस्तु का मूल्य है, वह यह है कि आपकी आवाज़ में जीवन हो। यह कुछ ऐसा काम है, जिसे कोई भी प्रोड्यूसर आपके लिए नहीं कर सकता। वह आपसे कह सकता है कि लाउड स्पीकर पर आप बिलकुल सपाट अथवा निर्जीव लगाते हैं, और आपकी वाणी में कुछ जीवन लाने का प्रयत्न कर सकता है। लेकिन यह टेक्निकल बात नहीं है, यह बिलकुल

> मनोवैज्ञानिक चीज़ है। इसका समाधान आप स्वयं अपने से ही कर सकते हैं।'

जिन दो कठिनाइयों की ओर संकेत किया गया, दोनों ही मनोवैज्ञानिक हैं, और इनका समाधान भी मनोवैज्ञानिक ही हो सकता है। सभी अनुभवी प्रसारणकर्ताओं ने इनका एक ही समाधान दिया है कि वार्ताकार वार्ता प्रसारित करते समय अपनी मानसिक दृष्टि के सम्मुख अपने किसी प्रिय व्यक्ति, परिचित अथवा सम्बन्धी का चित्र रखे, वह यह अनुभव करे कि वह निर्जीव माइक में न बोलकर अपने प्रिय व्यक्ति से ही बातें कर रहा है। जेनेट डनबर यही परामर्श देते हैं। इसके द्वारा वार्ताकार की वाणी में सजीवता आ सकती है। जॉन एस. कार्लाइल कहते हैं—

> 'वार्ताकार लाउड स्पीकर के सामने अपने किसी परिचित व्यक्ति को चित्रित करना अपने लिए उपयोगी समझ सकता है।'

एल्कन ऐंड डोरोथियन एलन इसी विचार का समर्थन करते हैं—

> 'अपने सन्देश को मानवीय बनाने के लिए अनेक प्रसारणकर्ताओं को माइक्रोफ़ोन के दूसरे छोर के मानसिक चित्र की आवश्यकता होती है : वे केवल माइक्रोफ़ोन में ही नहीं बोल सकते, उसके परे की भी सोचते हैं।'

प्रसिद्ध वार्ताकारों के अनुभव इस मनोवैज्ञानिक समाधान की सत्यता को सिद्ध करते हैं। 'गुड लिस्निंग' पुस्तक में दिये गए कुछ अनुभव इस प्रकार हैं : जे. बी. प्रीस्टली अपने श्रोताओं को चार-चार या पाँच-पाँच की गोष्ठियों में कल्पित करते हैं, जिन्हें वे अपनी बात सावधानीपूर्वक समझाना चाहते हैं। डेसमंड मेकार्थी अपने हाथ को इस प्रकार हिलाते हैं, जैसे वे अपने सामने बैठे हुए व्यक्ति को अपनी बातें समझा रहे हों। वालफर्ड डेविस अपने किसी एक मित्र की कल्पना करते थे। ए.जे. एलन अनुभव करते थे कि वे अपने घर में अलाव के सामने बैठे अपने किसी आत्मीय से अपनी साहसिक कहानियाँ कह

रहे हों। इन प्रसारणकर्ताओं के अनुभवों का उपयोग कोई भी वार्ताकार कर सकता है, यों यह सरल काम नहीं है। एलन के ही शब्दों में, मुद्रित आलेख को स्वाभाविक लगनेवाली शैली में पढ़ने का प्रयत्न करते समय ऐसा मानसिक चित्र अपने सम्मुख स्पष्टत: रखना कोई आसान काम नहीं है, और अनेक प्रसारणकर्ता अनुभव करते हैं कि वे ऐसा नहीं कर सकते, फल यह होता है कि वे इस बात का आभास दे देते हैं कि वे केवल लिखित शब्दों की ही रक्षा कर रहे हैं। फिर भी वार्ताकार मानसिक भय और निर्जीवता से बचने के लिए इस दिशा में प्रयत्न कर सकता है।

व्यक्तित्व के प्रश्न की चर्चा पहले वार्ता-लेखन के प्रसंग में की जा चुकी है, वार्ता-प्रसारण के प्रसंग में उसका और अधिक महत्त्व है। सबकी बोलने की अपनी शैली होती है, सबकी अपनी आवाज़ होती है, और इन अपनी विशेषताओं, दूसरे शब्दों में अपनी वैयक्तिकता की अभिव्यक्ति रेडियो-प्रसारण में होनी चाहिए। हाँ, यह ध्यान रखने की बात अवश्य है कि शब्दों के उच्चारण शुद्ध हों। माइक्रोफ़ोन की यह विशेषता कही जाती है कि वह बड़ा ही सूक्ष्मग्राही होता है, और उच्चारण की साधारण त्रुटियों को भी बहुत बड़ा बनाकर श्रोताओं के सामने उपस्थित करता है। इसलिए वार्ताकार को अपने उच्चारण पर अवश्य ही ध्यान रखना है। हिन्दी में तो उच्चारण की कोई कठिनाई नहीं है, फिर भी बहुत लोग शुद्ध उच्चारण नहीं करते। यदि ह्रस्व और दीर्घ मात्राओं के उच्चारण पर ध्यान दिया जाए, श और स, र और ण या ड़, व और ब-जैसे कुछेक वर्णों के अन्तर को समझा जाए, उच्चारण में त्रुटियाँ नहीं हो सकतीं। दूसरी बात ध्यान देने की यह है कि वार्ताकार के उच्चारण स्पष्ट और आवाज़ बिलकुल साफ़ हो, जिससे श्रोताओं को वार्ताकार की बातें समझने में किसी प्रकार की कठिनाई न हो। जैसा पहले कहा जा चुका है, बोधगम्यता सफल रेडियो-वार्ता को पहली शर्त है।

इन दोनों बातों पर ध्यान रखते हुए अपनी वैयक्तिकता की रक्षा और उसकी सशक्त अभिव्यक्ति रेडियो-वार्ता में बहुत ही आवश्यक है। पी. पी. एकरस्ले कहते हैं—

> 'व्यक्तित्व स्वाभाविक भाषण का एक अंग है। यदि किसी चरित्र स्वर को अस्त-व्यस्त ढंग से भी बोलने दिया जाए, बशर्ते कि वह समझ में आने लायक़ हो, वह भाषण के उस काट-छाँटवाले उच्चारण से अधिक मनोरंजक होगा, जो नीरसता को और अधिक स्पष्ट कर देता है।'

इसीलिए सभी रेडियो-विशेषज्ञ वैयक्तिकता की रक्षा पर ज़ोर देते हैं। उनके अनुसार, वार्ताकार को बोलने की शैली में किसी दूसरे के अनुकरण की आवश्यकता नहीं है। जैसा कि प्रसिद्ध वार्ताकार एलिस्टेयर कूक ने कहा है—

> 'अच्छे प्रसारण में अपने को स्वीकार करना ही सबसे बड़ी बात है।'

सचमुच वार्ताकार का प्रयत्न यही होना चाहिए कि वह जो है, वही रहे, दूसरे के व्यक्तित्व को अपने ऊपर आरोपित न करे। फिर भी उसे प्रसारण की अपेक्षाओं, जिनकी चर्चा आगे की जा रही है, की ओर अवश्य ही ध्यान देना चाहिए।

वार्ता प्रसारित करते समय वार्ताकार की सबसे बड़ी सम्पत्ति है उसकी आवाज़। यह आवाज़ कैसे स्पष्ट, स्वस्थ, प्रभावशाली और श्रुतिप्रिय हो, यह एक बहुत ही महत्त्वपूर्ण विषय है। लियोनेल गैमलिन इसके लिए तीन मुख्य बातें बतलाते हैं—सही ढंग से साँस लेना, साफ़-साफ़ बोलना और लयात्मकता। पहली दोनों बातों के लिए गहरी साँस लेने के व्यायाम और मुँह को पूरा खोलने तथा मुख के दूसरे अवयवों से काम लेने के सतत अभ्यास की आवश्यकता होती है। गैमलिन के ही शब्दों में—

> 'मुँह, तालु और जबड़े से पूरा काम लेने के साथ ही बोलने की गति उचित रखने से ऐसी स्पष्ट अभिव्यक्ति हो सकती है, जो किसी भी श्रोता, चाहे वह दैनिक जीवन में हो या प्रसारण में, को सन्तुष्ट कर सकती है।'

भाषण में लयात्मकता अनिवार्य है। इसके अभाव में भाषण में जीवन नहीं होता, वह यंत्रवत् हो जाता है। भाषा भावों और विचारों का बड़ा लचीला

माध्यम है। जैसे भाव और विचार होते हैं, वैसा ही भाषा का प्रवाह होता है, वैसी ही उसकी गति होती है। भावना और अनुभूति ही भाषा को जीवन देती है; यह जीवन जब वक्ता को वाणी में परिलक्षित होता है, तभी हम कहते हैं कि उसमें लयात्मकता है, उसमें सजीवता है।

भावनाओं और विचारों के अनुरूप बोलने की शैली में परिवर्तन होते रहने को ही हम लयात्मकता कहते हैं। गैमलिन कहते हैं, 'शब्द जैसे वक्ता के विचारों की कार के लिए पेट्रोल हैं, वैसे ही लयात्मकता वह तेल है, जो उस गाड़ी को चिकना रखता है। यदि प्रसारण प्रेषणीयता है—आनन्द के लिए—तो प्रसारणकर्ता के लिए यही पर्याप्त नहीं है कि वह अपनी बात कह दे, बल्कि यह भी कि वह श्रोता को आन्दोलित करे। यह लयात्मकता ही है, जो उसे यह काम प्रभावपूर्ण ढंग से करने में समर्थ बनाती है।'

जहाँ भाषण में लयात्मकता नहीं होती, वहाँ एकरसता आ जाती है, वक्ता एक ही शैली में प्रारम्भ से लेकर अन्त तक बोलता है। और, प्रसारण एकरसता से बढ़कर दूसरी खतरनाक वस्तु नहीं होती। इस दृष्टि से प्रसारण की वह शैली, जिसमें एक निश्चित क्रम से उतार-चढ़ाव रहे, त्याज्य है।

भाषण में लयात्मकता विविधता की जननी है, इससे वार्ता का आकर्षण बढ़ता है। भाषण में लयात्मकता ले आने के लिए प्रसिद्ध वक्ता डेल कार्नेगी ने चार उपाय बतलाए हैं :

1. मुख्य शब्दों पर ज़ोर देना, और गौण शब्दों को दबा देना
2. आवाज़ की ऊँचाई में परिवर्तन
3. बोलने की गति में परिवर्तन और
4. मुख्य विचारों के पहले और बाद में रुकना।

दूसरे उपाय के अतिरिक्त सभी उपाय रेडियो-वार्ता के लिए भी सही ही हैं। रेडियो-वार्ता में आवाज़ में अधिक परिवर्तन न सम्भव है, न अपेक्षित ही। माइक्रोफ़ोन की सीमा होती है, वह सूक्ष्मग्राही होने के कारण ज़ोर की आवाज़ को विकृत कर दे सकता है। इसके लिए बोलचाल की सामान्य आवाज़ ही उचित है। वार्ताकार पूछते हैं, वे वार्ता प्रसारित करते समय कितने ज़ोर से

बोलें। इस सम्बन्ध में उन्हें स्मरण रखना है कि रंगमंच और स्टूडियो में, प्रत्यक्ष भाषण और रेडियो-वार्ता में अन्तर होता है। प्रत्यक्ष भाषण में वक्ता एक समूह को सम्बोधित करता है, जबकि रेडियो-वार्ता में वह एक या अधिक से अधिक चार-पाँच व्यक्तियों को। यही कारण है कि रेडियो-वार्ता में आत्मीयता की शैली, आत्मीयता के स्वर की आवश्यकता होती है। जॉन एस. कार्लाइल कहते हैं—

> 'बड़ी सभाओं में भाषण देते समय बोलने की आत्मीय शैली अनावश्यक है। माइक्रोफ़ोन के सामने आवाज़ की भाषण वाली ऊँचाई का कोई स्थान नहीं है।' इसी प्रकार दो-चार व्यक्तियों के सामने प्रत्यक्ष रूप से बोलने और रेडियो से बोलने में भी अन्तर है।

एल्कन ऐंड डोरोथियन एलन का विचार है—

> 'एक ही कमरे में आपके साथ बैठकर कूक और प्रीस्टली आपसे उसी प्रकार बातें नहीं करेंगे, जिस प्रकार वे रेडियो पर करते हैं। उनका ढंग आपकी प्रतिक्रियाओं के प्रति ग्रहणशील रहेगा, सम्भवतः वह कम नाटकीय और आधिकारिक होगा। उनके शब्द मूलतः एक ही हो सकते हैं, लेकिन उनकी तीव्रता कम होगी।'

तात्पर्य यह कि वार्ताकार की आवाज़ उसकी सामान्य वार्तालाप की आवाज़ से कुछ भिन्न होती है। लियोनेल गैमलिन कहते हैं—

> 'इस देश के सभी प्रथम श्रेणी के प्रसारणकर्ता नीची आवाज़ में बोलते हैं, जो सामान्य वार्तालाप की आवाज़ से कुछ ऊँची होती है।'

डेल कार्नेगी के बतलाए गए अन्य उपायों का उपयोग रेडियो-वार्ताकारों द्वारा होना चाहिए। मुख्य शब्दों पर ज़ोर देने से केवल बोलने की शैली में ही विविधता नहीं आती, बल्कि विचारों की अभिव्यक्ति भी सशक्त होती है। बोलने की गति के सम्बन्ध में याद रखना है कि बहुत तेज़ी से बोलने से श्रोताओं को वार्ता समझने में कठिनाई होती है। इसके विपरीत गति बहुत धीमी रहने से लगता है, जैसे वार्ता में जीवन ही नहीं है। इसलिए वार्ता-प्रसारण में गति का

मध्यम मार्ग उचित हो सकता है; हाँ, यह मध्यम मार्ग भी सदा एकरस न रहे, उसमें सदा परिवर्तन होता रहे, यह आवश्यक है। इसी प्रकार उचित स्थलों पर रुकना, कहीं-कहीं क्षणिक शान्ति, आदि भी विविधता के लिए आवश्यक हैं।

वार्ता-प्रसारण में वार्ताकारों को अपनी स्वभावगत दुर्बलताओं से भी बचना ज़रूरी है। मेरे एक मित्र हैं, जो हर वाक्य के बाद कहते हैं—'समझे न?' जब वे कहने लगते हैं—'मैं उनके यहाँ खाना खाने गया था, समझे न? बहुत अच्छा खाना खिलाया, समझे न?', तो कहने का मन होता है—'नहीं समझे।' बोलने की शैली में भी लोगों की ऐसी आदतें होती हैं, जैसे कुछ लोग वाक्य के पहले शब्द पर बहुत ज़ोर देते हैं, कुछ लोग अन्तिम शब्द पर। कुछ लोग हैं, जो वाक्य की अन्तिम क्रियाओं को दूर तक खींच ले जाते हैं—'जानता हूँ—ऊँ-ऊँ। वे लोग आए थे—ए-ए।' ऐसी आदतें माइक्रोफ़ोन पर बड़ी स्पष्टतः परिलक्षित हो जाती हैं, और इनसे बचना सफल वार्ताकार का कर्तव्य है।

जैसा इस अध्याय के प्रारम्भ में कहा गया है, रेडियो-वार्ताकार लेखक भी है, और अभिनेता भी। वार्ता प्रसारित करते समय उसमें नाटकीयता अवश्य ही अपेक्षित है, पर यह देखते रहना है कि वह अतिनाटकीयता में न बदल जाए। नाटक के अभिनय की विशेषता उसकी स्वाभाविकता में समझी जाती है; नाटक का अभिनय इतना स्वाभाविक हो कि दर्शक यह न समझें कि नाटक हो रहा है। यही बात रेडियो-वार्ता के सम्बन्ध में भी कही जाएगी। वार्ता का प्रसारण इतने स्वाभाविक ढंग से हो कि श्रोता को उसमें कहीं भी नाटकीयता का आभास न मिले, वह समझे कि कोई उससे स्वाभाविक रूप में बिना किसी आयास के बातचीत कर रहा है। यही वार्ता की सफलता कही जाएगी।

वार्ता-प्रसारण के सामान्य नियम यही हैं, किन्तु सभी नियमों के अपवाद होते हैं। रेडियो पर बोलनेवाले ऐसे अनेक व्यक्ति हुए हैं, जो सभी नियमों को खंडित करने के बाद भी सफल समझे गए हैं। ऐसे तीन व्यक्तियों की चर्चा सोमनाथ चिब ने की है। पहला है हिटलर, जिसे 'रेडियो का मौलिक कलाकार' कहा जाता है। वह आवेश में इतने ज़ोर से चिल्लाता था कि लगता था, रेडियो-सेट खंड-खंड हो जाएगा, फिर भी सुननेवाले सुनने को सदा उत्सुक रहते थे। दूसरा नाम चर्चिल का है, जो अपनी वार्ता में अध्ययनपूर्ण साहित्यिक

शब्दावलियों का व्यवहार करते हैं। तीसरे थे गांधीजी, जिनके शब्दों और शैली की कलाहीनता ही जिनकी कला थी। ये वार्ताकार प्रसारण के नियमों के अपवाद हैं अवश्य, लेकिन मुझे लगता है कि उनकी सफलता प्रसारण के इस सबसे बड़े नियम की सत्यता को सिद्ध करती है कि रेडियो-वार्ता में व्यक्तित्व सबसे मुख्य तत्त्व है। जहाँ व्यक्तित्व महान् है, वहाँ नियमों का पालन किए बिना ही वार्ता में आकर्षण आ जाता है। सामान्य व्यक्तित्वों के लिए नियमों का पालन आवश्यक है, इसमें सन्देह नहीं।

रेडियो-वार्ता और प्रो. वर्नन के निष्कर्ष

अब तक के विवेचन से यह स्पष्ट है कि रेडियो-वार्ताकार का सबसे मुख्य कार्य, अपने लेखन एवं प्रसारण के द्वारा, अपनी वार्ता को श्रोताओं के लिए सहज-ग्राह्य बनाना है। लन्दन विश्वविद्यालय के प्रो. पी. ई. वर्नन ने 1950 में रेडियो-वार्ताओं की बोधगम्यता के सम्बन्ध में अनुसन्धान-कार्य किया था। उनके निष्कर्ष बड़े ही महत्त्वपूर्ण हैं। हमने अब तक जो विवेचन किया है, उसमें इन निष्कर्षों का सहारा यथास्थान लिया गया है। रेडियो-वार्ता-सम्बन्धी मुख्य बातों को रेखांकित करने के उद्देश्य से हम अन्त में प्रो. वर्नन के कुछ निष्कर्षों को उद्धृत कर रहे हैं :

1. वार्ता की बोधगम्यता के लिए उसके विषय का रोचक होना ज़रूरी है। परीक्षा के लिए जो वार्ताएँ प्रसारित की गई थीं, उनमें कई उस समय की सामयिक घटनाओं और विज्ञान से सम्बन्धित थीं, और उनमें ऐसे बहुत से शब्द और विचार थे, जिन्हें ध्यान से सुनने की आवश्यकता थी, फिर भी श्रोताओं ने उन्हें समझा।
2. जिन वार्ताओं में आधे दर्जन से कम मुख्य बातें होती हैं, वे समझने में आसान होती हैं। एक मुख्य बात की व्याख्या और विस्तार में वार्ताकार एक से दो मिनट का समय लगाता है।
3. बोधगम्यता के लिए पुस्तकीय गद्य शैली की अपेक्षा सहज एवं सजीव शैली अनिवार्य होती है।

4. जो विचार भाव मात्र [abstract] हैं, उन्हें दृष्टान्तों से समझाना ज़रूरी है; हाँ, यह ध्यान रखते हुए कि श्रोता मूल विचारों के साथ दृष्टान्तों का सम्बन्ध समझता रहे, और मूल विषय की अपेक्षा दृष्टान्तों पर ही अधिक ध्यान न दे।
5. जिन वार्ताओं में विचारों का विकास तर्कसंगत रीति से नहीं होता, वे सहज बोधगम्य नहीं होतीं।
6. कम बोधगम्य वार्ताएँ श्रोताओं में अधिक ज्ञान का अनुमान कर लेती हैं।
7. वार्ता को बोधगम्य बनाने के लिए मुख्य-मुख्य बातों पर विशेष ज़ोर देना ज़रूरी है।
8. साहित्यिक शब्दावलियों से वार्ता की बोधगम्यता में बाधा पड़ती है।
9. कठिन शब्दों के बहुत अधिक होने से भी बोधगम्यता में बाधा होती है।
10. संयुक्त और मिश्र वाक्यों से पूर्ण लम्बे-लम्बे वाक्य भी समझने में कठिन होते हैं।
11. बहुत अधिक वार्तालापात्मक शैली से भी बोधगम्यता में बाधा पड़ती है।
12. वार्ता-प्रसारण के समय बोलने की गति तेज़ होने से भी बोधगम्यता कम होती है।

इनके आधार पर यह सहज ही कहा जा सकता है कि रेडियो-वार्ता की विशेषताएँ हैं : सरलता, स्वाभाविकता एवं सुसंगठन। इन्हें अपना लक्ष्य बनाकर कोई भी रेडियो-वार्ता सफल होगी, इसमें सन्देह नहीं।

उद्धृत रचनांशों की सूची

रेडियो-लेखन	सिद्धनाथ कुमार
कला के कक्ष में : यथार्थ और कल्पना	रामनाथ सुमन
मरुस्थल में मनोरंजन के साधन	देवीलाल सामर
संचार एवं परिवहन का विकास	कमलेश्वरी शरण
सुनीता	डॉ. धर्मवीर भारती
क्वार की साँझ	रामनरेश पाठक
तीसरी कसम अर्थात् मारे गए गुलफ़ाम	फणीश्वरनाथ रेणु
यह राजस्थान है	भगवतशरण उपाध्याय
बदरीनाथ	विष्णु प्रभाकर
झीलों का देश : कनाडा	गोविन्ददास
गीता-प्रवचन	विनोबा भावे
ऐन मौक़े पर	रामवृक्ष बेनीपुरी
महायान में विज्ञानवाद	रघुवीर
प्रवचन	विनोबा भावे
पंचवर्षीय योजना और नारी	नीलिमा मुकर्जी
नवीन भारत के तीर्थस्थान	आर. आर. खाडिल्कर
आचार्य वल्लभ का दरबार	डॉ. रामनिरंजन पाण्डेय

रोमांस	शम्भूरत्न त्रिपाठी
सर्वोदय	जयप्रकाश नारायण
जगदीशचन्द्र बोस	गोरख प्रसाद
जीवन बीमा का राष्ट्रीयकरण	नन्दलाल ऐश
बच्चों का व्यक्तित्व	चन्द्रकला दुबे
कवि-सम्मेलन और मुशायरे	रघुपतिसहाय 'फ़िराक़'
कवि-सम्मेलनों के कड़वे मीठे अनुभव	डॉ. हरिवंशराय 'बच्चन'
पुराणों में प्रतीक	भीखनलाल आत्रेय
स्त्रियों के कार्यक्षेत्र : पत्रकारिता	सरला गुप्ता
प्रेमचन्द की जय	कन्हैयालाल मिश्र 'प्रभाकर'
बापू का पत्र-साहित्य	हरिभाऊ उपाध्याय
रामकृष्ण परमहंस	बाबूलाल पालीवाल
ऋषि दयानन्द	रामचन्द्र शर्मा
जीने का सलीक़ा	रशीद अहमद सिद्दीक़ी
हिन्दी में व्यंग्य	नलिनविलोचन शर्मा
जननी जन्मभूमिश्च—	रामधारी सिंह 'दिनकर'
जार्ज अरुंडेल	हरिभाऊ उपाध्याय
समता का सिद्धान्त	विश्वम्भरनाथ पांडेय
मेरा व्यवसाय और साहित्य-सृजन	राजेन्द्रलाल हांडा
दिल्ली—नई और पुरानी	एम. मुजीब
आज का बर्मा	ब्रजनन्दन आज़ाद
देलवाड़ा	जैनेन्द्र कुमार
दोस्त	मिर्ज़ा महमूद बेग़
पुस्तकें जिनसे मैंने सीखा	राजबहादुर
जनता की सुरक्षा	डॉ. सम्पूर्णानन्द
क़र्ज़ का बोझ और उसका निवारण	एम. एम. शाह
भारत की पुरानी राजनीति	कैलाशचन्द्र देव 'बृहस्पति'